Scoprire i Giochi Gratuiti Online

Disponibile Qui:

BestActivityBooks.com/FREEGAMES

5 CONSIGLI PER INIZIARE

1) COME RISOLVERE LE PAROLE INTRECCIATTE

I puzzle hanno un formato classico:

- Le parole sono nascoste senza spazi o trattini,...
- Orientamento: Le parole possono essere scritte in avanti, indietro, verso l'alto, verso il basso o in diagonale (possono essere invertite).
- Le parole possono sovrapporsi o intersecarsi.

2) APPRENDIMENTO ATTIVO

Accanto ad ogni parola c'è uno spazio per scrivere la traduzione. Per incoraggiare l'apprendimento attivo, un **DIZIONARIO** alla fine di questa edizione vi permetterà di controllare e ampliare le vostre conoscenze. Cerca e scrivi le traduzioni, trovale nel puzzle e aggiungile al tuo vocabolario!

3) SEGNARE LE PAROLE

Puoi inventare il tuo sistema di segni. Forse ne usi già uno? Per esempio, puoi segnare le parole difficili da trovare con una croce, le parole preferite con una stella, le parole nuove con un triangolo, le parole rare con un diamante, e così via.

4) STRUTTURARE L'APPRENDIMENTO

Questa edizione offre un **TACCUINO** alla fine del libro. In vacanza, in viaggio o a casa, puoi organizzare facilmente le tue nuove conoscenze senza bisogno di un secondo quaderno!

5) AVETE FINITO TUTTE LE GRIGLIE?

Nelle ultime pagine di questo libro, nella sezione della **SFIDA FINALE**, troverete un gioco gratuito!

Facile e veloce! Dai un'occhiata alla nostra collezione di libri di attività per il tuo prossimo momento di divertimento e **apprendimento,** a portata di clic!

Trova la tua prossima sfida su:

BestActivityBooks.com/MioProssimoLibro

Ai vostri posti, pronti...Via!

Sapevi che ci sono circa 7.000 lingue diverse nel mondo? Le parole sono preziose.

Amiamo le lingue e abbiamo lavorato duramente per creare libri di altissima qualità. I nostri ingredienti?

Una selezione di argomenti adatti all'apprendimento, tre buone porzioni di intrattenimento, una cucchiaiata di parole difficili e una spolverata di parole rare. Li serviamo con amore e entusiasmo in modo che tu possa risolvere i migliori giochi di parole e divertirti imparando!

La vostra opinione è essenziale. Puoi partecipare attivamente al successo di questo libro lasciandoci un commento. Ci piacerebbe sapere cosa ti è piaciuto di più di questa edizione.

Ecco un link veloce alla pagina dell'ordine:

BestBooksActivity.com/Recensione50

Grazie per il vostro aiuto e buon divertimento!

Tutta la squadra

1 - Scacchi

```
H  P  P  G  C  P  P  D  C  Q  G  Ê  M  O
B  S  D  O  J  E  D  W  H  E  R  I  A  U
A  X  B  D  F  N  D  C  W  L  H  D  K  X
S  J  R  D  B  C  B  U  A  F  E  D  A  Q
R  E  E  E  A  A  V  J  R  K  O  Y  U  V
N  R  N  F  M  M  Q  P  A  T  L  S  P  Z
Q  L  I  O  Q  P  S  W  E  N  A  G  W  X
M  L  N  L  S  W  F  E  W  D  U  U  Y  V
Z  E  P  W  K  R  Q  Z  R  G  W  Y  N  P
S  T  R  A  T  E  G  A  E  T  H  T  T  E
V  R  Y  N  S  L  G  B  E  N  F  W  I  P
P  A  P  A  B  E  R  T  H  K  F  E  A  O
I  W  B  R  E  N  H  I  N  E  S  P  U  P
L  S  T  W  R  N  A  M  A  I  N  T  B  Q
```

GWYN	BRENIN
PENCAMPWR	BRENHINES
LLETRAWS	RHEOLAU
CHWARAEWR	ABERTH
GÊM	HERIAU
DU	STRATEGAETH
GODDEFOL	AMSER
I DDYSGU	TWRNAMAINT
PWYNTIAU	

2 - Aggettivi #2

```
S  S  W  G  N  C  C  D  E  I  M  R  I  D
N  Y  J  H  H  Y  Y  C  I  N  R  B  A  I
F  K  C  A  I  N  F  A  C  L  W  G  C  S
R  A  O  H  D  H  R  V  R  A  Y  O  H  G
R  R  P  U  R  Y  I  C  E  A  N  S  G  R
Q  F  Y  A  D  R  F  F  A  L  C  H  S  I
M  E  L  Y  S  C  O  L  D  W  N  F  F  F
C  R  Y  F  L  H  L  E  I  T  G  G  U  I
P  O  M  X  I  I  Y  C  G  Y  F  F  P  A
W  L  B  Y  Q  O  B  I  O  J  K  C  H  D
N  K  K  G  L  L  W  G  L  Y  D  H  I  O
D  R  A  M  A  T  I  G  H  A  L  L  T  L
N  A  T  U  R  I  O  L  N  E  W  Y  D  D
D  I  D  D  O  R  O  L  G  R  X  Z  E  O
```

LLWGLYD	DIDDOROL
SYCH	NATURIOL
DILYS	ARFEROL
CREADIGOL	NEWYDD
DISGRIFIADOL	FALCH
MELYS	CYNHYRCHIOL
DRAMATIG	PUR
CAIN	CYFRIFOL
ENWOG	HALLT
CRYF	IACH

3 - Pesca

```
O A Z H N R F H S R D L P G
T F M S C T Y M O R D A E W
S F F Y L A K B Y G K J M I
M A Y E N G A Y F X B W X F
L J B M R E S B O N I A D R
L N A G E L D V K C Y P G E
Y X C T I L Ŵ D S S P U T N
N X H E N A R Y O O K W Z T
P W Y S A U D N F P A Ê L B
T X N G B C E F N F O R N A
J Y B Y W W T R A E T H A S
B M F L Y C O G I N I O F G
C T C L D H O E R J W X O E
H F A T C K Z T W W O I N D
```

DŴR
OFFER
CWCH
TAGELLAU
BASGED
COGINIO
ESBONIAD
ABWYD
GWIFREN
AFON

BACHYN
LLYN
ÊN
CEFNFOR
AMYNEDD
PWYSAU
ESGYLL
TRAETH
TYMOR

4 - Aggettivi #1

```
G G M C A U B H N W E S T A
W F W P A R B I F A N C N R
E D B E X S T R C E F G K O
I I A R R N E I Q J A T M M
T N B F B T G M S F W C O A
H K U F A A H H N T R L D T
R M S A A R A F H U I I E I
E A C I K C B O A U N G R G
D W L T H Z S Z A W Y I N R
O R K H M V B K P R Y O X
L H A E K J L T E N A U A N
I H K Y Y Q I E G S O T I G
H A E L T R W M O N E S T W
M U J Y C W T P W Y S I G D
```

AROMATIG
ARTISTIG
ABSOLIWT
GWEITHREDOL
ENFAWR
EGSOTIG
HAEL
IFANC
MAWR
UNION

PWYSIG
ARAF
HIR
MODERN
ONEST
PERFFAITH
TRWM
GWERTHFAWR
TENAU

5 - Geologia

```
H S D M H X S Q Y M C P G G
S A E W M A H H A T W F A W
T C E Y Z P L Z L Y A F O A
A R E N T Q G E K T R O G S
L I S A Q W K Z N I T S O T
A S C U C A R R E G S I F A
G I M W C A L S I W M L F D
M A N K R X C Y F A N D I R
I L A F A E U D G V K A Q L
D A T B W N L G E V X S W M
A U P A R T H R Y N A I I W
U S Z H T Z Z A S U E D O P
F S E I N L F R E B U A Q F
D Q H X D A E A R G R Y N Y
```

ASID
GWASTAD
CALSIWM
OGOF
CYFANDIR
CWREL
CRISIALAU
FFOSIL
GEYSER

LAFA
MWYNAU
CARREG
CWARTS
HALEN
STALAGMIDAU
HAEN
DAEARGRYN
PARTH

6 - Campeggio

```
A R O O T Q C Z Z P S L O H
N T H E T I W O Q W E L T A
I C E A X J M C E I H E T M
F F L N F I P A M D V U L M
E A A T N F A B F Y I A Z O
I J G U W N W A D D N D E C
L U M R F E D N H H W Y L K
I M A P R Y F E D S F P D B
A X W X Q T Â N L L Y N D
I C O E D W I G P A B E L L
D G Q X C E M T D P R T H P
R E P Y Q K Y A Y F E Z H U
R P Y C A N Ŵ N A T U R U C
D T J H H T H Q J A X A Z G
```

COED
HAMMOCK
ANIFEILIAID
ANTUR
CWMPAWD
CABAN
HELA
CANŴ
HET
RHAFF

HWYL
COEDWIG
TÂN
PRYFED
LLYN
LLEUAD
MAP
MYNYDD
NATUR
PABELL

7 - Arti Visive

```
S N C R N D Y B Z C Q P E N
S S T K F R T T E E T O F C
A R A X F F L B Q R S R A E
F L C Q D F O M U A I T R R
B Q D V B Y I T C M A R N F
W A R T I S T L O E L E A L
Y M P P J R Z L M G C A I U
N C A M P W A I T H R D S N
T W H P G G R W D V R A A K
I Y O E J J P X T M W H F S
V R G N T I J O O S L S V F
P E N S A E R N Ï A E T H K
V F B I L T B G F R F C K W
C U Q L C L A I J F S H P E
```

PENSAERNÏAETH
CLAI
ARTIST
CAMPWAITH
CWYR
CERAMEG
FFILM
FFOTOGRAFF

SIALC
PENSIL
PEN
SAFBWYNT
PORTREAD
CERFLUN
FARNAIS

8 - Esplorazione

```
D I W Y L L I A N N A U G U
I A T E I T H I O E W U W S
P E R Y G L O N L W S K E R
I B C G W Y L L T Y V A I G
D K L A A T Z V H D E E T O
D D Y I E N V U J D E H H F
Y D W A N W F Y V X Y U G O
S V F I J D C Y F F R O A D
G L W T T W E V D V X T R S
U Z R H I H I R J D J Q E P
T D E W R E R W W I V D C
A N I F E I L I A I D A D D
P E N D E R F Y N I A D D I
M A Y U A G A N H Y S B Y S
```

ANIFEILIAID
GWEITHGAREDD
DEWRDER
DIWYLLIANNAU
PENDERFYNIAD
CYFFRO
BLINDER
IAITH
NEWYDD

I DDYSGU
PERYGLON
ANHYSBYS
DARGANFYDDIAD
GWYLLT
GOFOD
TIR
TEITHIO

9 - Tempo

```
C H B L Y N Y D D O L D O K
D Y E U Z O L I I T Y Y B B
H Y N D N S G C O B D D P M
A C F D D C L O C O P D Y I
N A E O Z I W Q A R Ô L N S
N L N E D F W W Q E X Z F B
E E N J N O U T U S L R U D
R N C H P O L M A E N K A B
D D W Y T H N O S F E C N C
Y R X O U J A W J O M D T A
D D E G A W D Y B X U I G N
D K J B L W Y D D Y N A R R
K Y S N B D E I R Z U W I I
V H H F L X Z F P I D R S F
```

BLWYDDYN   HANNER DYDD
BLYNYDDOL   MUNUD
CALENDR   NOS
DEGAWD   HEDDIW
AR ÔL   AWR
DYFODOL   CLOC
DYDD   YN FUAN
DDOE   CYN
BORE   CANRIF
MIS   WYTHNOS

10 - Astronomia

```
J  T  W  Z  R  O  C  E  D  T  W  V  W  J
M  E  T  E  O  R  D  F  V  D  T  K  Z  N
O  L  L  E  U  A  D  L  K  A  A  J  R  Y
C  E  C  Q  W  T  N  W  U  H  D  E  S  S
G  S  O  U  C  E  N  E  B  U  L  A  E
O  G  S  I  H  A  R  S  Y  L  L  F  A  R
F  O  M  N  N  Z  F  C  B  I  F  G  K  Y
O  P  O  O  O  L  U  A  Y  L  E  M  T  D
D  E  S  X  F  N  P  V  B  T  A  A  Q  D
W  W  P  G  A  L  A  E  T  H  S  N  J  W
R  R  A  W  Y  R  C  U  Q  F  V  E  E  R
Y  M  B  E  L  Y  D  R  E  D  D  Y  R  D
A  S  T  E  R  O  I  D  K  F  V  C  M  H
D  I  S  G  Y  R  C  H  I  A  N  T  D  X
```

ASTEROID	METEOR
GOFODWR	NEBULA
SERYDDWR	ARSYLLFA
AWYR	BLANED
COSMOS	YMBELYDREDD
CYTSER	ROCED
EQUINOX	UWCHNOFA
GALAETH	TELESGOP
DISGYRCHIANT	DDAEAR
LLEUAD	

11 - Circo

```
P  S  M  S  Y  F  F  D  A  M  X  B  C  R
A  F  W  F  I  S  L  X  Y  L  T  A  A  X
B  D  N  T  G  W  B  O  D  Q  O  L  N  L
E  G  C  D  R  Y  G  L  Q  L  C  W  D  T
L  C  I  R  L  H  O  L  E  E  Y  N  Y  E
L  F  F  E  W  W  O  X  W  N  N  A  U  I
G  W  I  S  G  O  E  D  D  R  N  U  D  G
W  A  C  R  O  B  A  T  F  S  P  Y  B  R
Y  Q  R  M  H  U  D  E  X  A  J  O  D  S
L  L  E  W  X  T  H  D  Z  M  H  Z  E  D
I  A  N  I  F  E  I  L  I  A  I  D  W  L
W  W  C  L  O  W  N  S  G  I  J  S  I  A
R  E  L  I  F  F  A  N  T  R  I  C  N  X
C  E  R  D  D  O  R  I  A  E  T  H  S  Q
```

ACROBAT	DEWIN
ANIFEILIAID	CERDDORIAETH
TOCYN	BALWNAU
CANDY	RHODFA
CLOWN	MWNCI
GWISGOEDD	YSBLENNYDD
ELIFFANT	GWYLIWR
SIWGLWR	PABELL
LLEW	TEIGR
HUD	TRIC

12 - Mitologia

```
R  O  S  B  T  E  C  A  G  N  Y  A  D  X
J  W  W  C  R  Y  F  D  E  R  M  N  U  R
D  L  A  B  Y  R  I  N  T  H  D  G  W  L
V  K  R  K  C  M  X  A  D  U  D  H  I  M
C  K  W  C  H  W  E  D  L  D  Y  E  A  A
R  C  R  G  I  W  T  L  U  O  G  N  U  R
E  R  M  J  N  R  Z  B  L  L  I  F  Q  W
D  E  E  A  E  H  X  O  Q  T  A  I  V  O
O  A  D  H  B  Y  I  C  Q  X  D  L  D  L
A  D  D  A  N  F  A  R  W  O  L  D  E  B
U  U  W  R  O  E  C  E  N  F  I  G  E  N
W  R  L  R  M  L  P  U  D  I  A  L  T  D
Z  N  K  D  I  W  Y  L  L  I  A  N  T  L
R  Y  V  X  S  R  P  J  K  D  E  K  W  O
```

YMDDYGIAD	CENFIGEN
CREADUR	RHYFELWR
CREU	ANFARWOLDEB
CREDOAU	LABYRINTH
DIWYLLIANT	CHWEDL
TRYCHINEB	HUDOL
DUWIAU	MARWOL
ARWR	ANGHENFIL
CRYFDER	MEDDWL
MELLT	DIAL

13 - Piante

```
R G L Q X J C O E D A I L C
F W L V B B C B I P E C D O
S R C A C T U S D B R B H E
T T M W S O G L D D O A P D
Z A K P N W N H E P N M K W
V I D Z E Y E T W A Z B Q I
U T R E O T B L Y P P Ŵ M G
U H Q X G F A L L F L O R A
G W R A I D D L E T U A V R
B S L L W Y N I U L X T U D
T O L L Y S I E U E G G L D
Q W M Q O F B L O D Y N B E
O F L N V F L A K Q H T L J
W V N K X A H T L Z W F G P
```

COED
AERON
BAMBŴ
LLYSIEUEG
CACTUS
LLWYN
TYFU
EIDDEW
GLASWELLT
FFA

GWRTAITH
BLODYN
FLORA
DAIL
COEDWIG
GARDD
MWSOGL
PETAL
GWRAIDD

14 - Spezie

```
C C H D H Y L F Q E S M E C
E L U P U N I F L B I E O O
F A N I L A C E D R N L D R
H A L E N P O N B O A Y E I
C G T P A P R I K A M S A A
B A Y B V H I G O G O X A N
U C R H W D C L B X N A N D
O A M D N F E K X P U C I E
N N E C A S I N S I R W S R
C Y R I H M P U P U R M E B
G T I U P W O B P N F I H T
I M G G S E E M J I Q N U J
G E T A P D U R C O E W M G
M G A R L L E G W N T L W T
```

GARLLEG

CHWERW

ANISE

SINAMON

CARDAMOM

UNION

CORIANDER

CWMIN

TYRMERIG

CYRI

MELYS

FFENIGL

LICORICE

NYTMEG

PAPRIKA

PUPUR

HALEN

FANILA

SINSIR

15 - Numeri

```
C H W E C H E U U Q W W A D
W V U W A C I J P J R U F Y
U M W O O U D A U E Z T B Z
N A W L O D E U N A W L V N
A Z T Y C E U S U O C Y N V
R P O Q H G D E G O L U T S
B Y U G N H D R E X O G W H
Y M F M E Y E O L T Y A J H
M T O U P F G G T P R I Q B
T H T R I A R D D E G N M J
H E I Z B G L P G D X K A U
E G T I P S X B J W E X T Q
G U Z D H Q A V S A I T H Y
E Q N W W A J R T R I V J Z
```

PUMP
DEGOL
DEUNAW
DEG
DEUDDEG
DAU
MATH
NAW
WYTH
PEDWAR

PYMTHEG
UN AR BYMTHEG
CHWECH
SAITH
TRI
TRI AR DDEG
UN
UGAIN
SERO

16 - Cioccolato

```
P B L A S U S X A S S A S P
H O F F C D X V R I W N V W
E Z W C A C A O O S W S M O
T D K D E R Z W G E Z A S J
Q E C I R E C B L A S W I C
V G C G Y F N A F A N D W P
S S A A S F A Q N F K D G R
S O R L Á T U X E D P F R R
L T A O I W C P D B Y N W J
Z I M R T Y O A Y R N F L W
C G E Ï V R C H W E R W F G
M K L A D O O M E L Y S P P
I D W U C Y N H W Y S I O N
G W R T H O C S I D I O L C
```

CHWERW	EGSOTIG
GWRTHOCSIDIOL	BLAS
AROGL	CYNHWYSION
CREFFTWYR	CNAU COCO
CACAO	POWDR
GALORÏAU	HOFF
CANDY	ANSAWDD
CARAMEL	RYSÁIT
BLASUS	SIWGR
MELYS	

17 - Guida

```
T H C E R D D W Y R T B Y M
C Y F L Y M D E R O R E N A
K H P X U Z N V Y M W I T P
G A R E J D T P J O Y C R D
L E H T R R I U X D D M A I
I W N E Z Y R A A U D O F O
H E D D L U G W N R E D F G
D A M W A I N L P T D U I E
P F P B W S N D X W C R G L
L F T A N W Y D D N A X F W
C O I V W M P Y D N R W X C
B R E C I A U N Z E J P H H
Q D A D E S W M W L J J U K
J D R P M S E G R Y O O T U
```

CAR
BWS
TANWYDD
BRECIAU
GAREJ
NWY
DAMWAIN
TRWYDDED
MAP
BEIC MODUR

MODUR
CERDDWYR
PERYGL
HEDDLU
DIOGELWCH
FFORDD
TRAFFIG
CLUDIANT
TWNNEL
CYFLYMDER

18 - Sport

```
P T F C A N O L W R T H C R
U W Î A H O C I O U L Y H P
S S Y M U D I A D E X F W R
M P A P S T A D I W M F A G
G A I F Ê N M E F R M O R O
Y E B A P L T E N I S R A L
M N E O Ê A F B G N P D E F
N I I E L R N A C O D D W F
A L C X F G U O S F J W R A
S L T N A Ê A S L I A R H E
T Y S I S M E M Y O F X Q L
E D P V G H Y G P Z M U S U
G D R Q E H G R A W U Q G Z
G I N R D E Y K U J R R F C
```

HYFFORDDWR	GOLFF
CANOLWR	HOCI
MABOLGAMPWR	SYMUDIAD
PÊL FAS	I NOFIO
PÊL-FASGED	CAMPFA
BEIC	TÎM
GYMNASTEG	STADIWM
CHWARAEWR	TENIS
GÊM	ENILLYDD

19 - Giocattoli

```
C  I  Y  B  C  Z  K  L  A  O  R  A  D  Z
M  A  G  A  C  N  G  E  P  Ê  L  S  R  I
J  P  R  R  D  C  U  R  L  P  L  P  Y  G
Z  Z  Y  C  D  R  W  P  O  S  Y  B  M  E
T  N  D  U  O  E  H  C  X  K  F  E  I  M
H  U  C  D  L  F  N  I  H  I  R  I  A  A
P  A  E  N  T  F  P  N  H  R  A  C  U  U
D  R  O  B  O  T  R  Ê  N  T  U  B  P  T
C  L  A  I  W  A  D  Y  C  H  Y  M  Y  G
C  A  F  Z  F  U  I  W  A  I  O  C  D  L
A  W  Y  R  E  N  A  I  N  U  R  F  T  O
G  W  Y  D  D  B  W  Y  L  L  N  Y  F  R
Y  U  B  G  B  V  Z  W  T  S  F  H  H  I
H  E  I  W  O  K  R  W  F  A  C  O  X  L
```

AWYREN	GEMAU
BARCUD	DYCHYMYG
CLAI	LLYFRAU
CREFFTAU	PÊL
CAR	HOFF
DDOL	POS
CWCH	ROBOT
DRYMIAU	GWYDDBWYLL
BEIC	TRÊN
LORI	PAENT

20 - Uccelli

```
H  W  Y  A  D  E  N  C  P  W  X  C  T  C
Z  Q  P  M  K  R  S  X  G  F  J  O  W  O
X  X  G  O  W  Y  T  T  X  P  F  L  C  L
G  E  Z  S  C  R  Ë  Y  R  C  P  O  A  O
O  Z  F  X  J  C  W  I  J  Y  R  M  N  M
G  Ŵ  Y  D  D  A  Z  Y  O  W  S  E  P  E
F  F  L  A  M  I  N  G  O  I  G  N  A  N
P  C  P  E  L  I  C  A  N  Â  W  Q  U  N
E  I  A  T  Y  A  A  D  E  R  Y  N  N  O
N  C  R  Z  D  F  R  E  M  A  L  J  I  D
G  O  O  U  Y  D  Q  C  R  C  A  R  J  N
W  N  T  I  C  A  X  I  H  P  N  V  S  J
I  I  N  U  U  J  D  J  K  B  J  Y  G  V
N  A  L  I  X  X  V  L  U  P  X  L  G  D
```

CRËYR	PAROT
HWYADEN	ADERYN
ERYR	PAUN
CICONIA	PELICAN
ALARCH	COLOMENNOD
COLOMEN	PENGWIN
GOG	CYW IÂR
FFLAMINGO	ESTRYS
GWYLAN	TWCAN
GŴYDD	WY

21 - Giorni e Mesi

```
D  D  B  A  P  B  L  R  H  A  G  F  Y  R
E  Y  Y  L  J  F  W  Y  A  W  O  W  T  D
B  U  D  D  W  U  X  M  I  S  R  M  R  Y
R  C  Q  D  D  Y  Z  J  H  T  F  V  V  D
I  J  I  E  S  L  D  R  X  L  F  W  X  D
L  H  H  Z  K  A  L  D  O  M  E  D  I  M
L  E  I  F  K  T  D  U  Y  V  N  C  O  A
M  E  H  E  F  I  N  W  N  N  N  H  N  W
F  F  Y  I  L  S  O  Y  R  B  A  W  A  R
D  Y  D  D  S  U  L  T  Z  N  F  E  W  T
Z  A  R  R  U  R  A  H  B  K  D  F  R  H
X  A  E  C  A  L  E  N  D  R  A  R  Z  H
A  Z  F  Y  N  V  X  O  H  S  A  O  W  B
H  Y  Y  Q  O  B  N  S  E  C  E  R  F  Z
```

AWST	GORFFENNAF
BLWYDDYN	DYDD LLUN
EBRILL	DYDD MAWRTH
CALENDR	MIS
RHAGFYR	HYDREF
DYDD SUL	DYDD SADWRN
CHWEFROR	MEDI
IONAWR	WYTHNOS
MEHEFIN	

22 - Casa

```
N E N F W D W C U R G F I C
I C R M D A F S O U A F Y V
N Y A C W T L A M P R E J P
J C S W Q G A R D D E N S U
I E W T O B R P R R J S P B
B G R V A D L H W Y A R U G
A I P G W F L K S C Y T C H
N N F X G A E O L H P O A O
A B D T D U T L U X Z F S W
D M H U X C Â N L Y U H P Z
L C G F F E N E S T R R C H
P A M F L T U W A T I G G W
L L Y F R G E L L V Y I O N
L L A W R L B L O Q J A U P
```

ATIG	WAL
LLYFRGELL	LLAWR
YSTAFELL	DRWS
LLE TÂN	FFENS
CEGIN	FAUCET
CAWOD	BANADL
FFENESTR	NENFWD
GAREJ	DRYCH
GARDD	RUG
LAMP	TO

23 - Ristorante #1

```
O Q I C U A B A R A K A S C
D G V I Y I R D X L S W G Y
I L V G H L Q I F P L Â T N
W X L T G R L P A P L M G H
Q F R W U Y M E D N C X Y W
L J A S B O W L L L E Q M Y
A L Z B C O F F I L G N Y S
L I A E N A P C Y N I S D I
E K H I B W Y D W Q N Y E O
R D W S N P W D I N R R P N
G X X L G W E I N Y D D E S
E N C Y W I Â R Q Q Z F G C
D K V D E W I S L E N T T F
D V S S A W S M S E R R I O
```

ALERGEDD
COFFI
GWEINYDDES
CIG
ARIAN
BWYD
BOWL
CYLLELL
CEGIN
PWDIN

CYNHWYSION
DEWISLEN
BARA
PLÂT
SBEISLYD
CYW IÂR
LLAIN
SAWS
NAPCYN

24 - Fantascienza

```
D  L  Z  E  D  Y  C  H  M  Y  G  O  L  Q
A  Y  T  P  R  E  A  L  I  S  T  I  G  H
C  L  S  J  O  R  A  C  L  E  O  C  I  T
Q  L  F  T  B  Q  G  Q  Y  W  R  X  N  P
G  Y  B  L  O  T  R  F  T  D  M  T  M  M
A  F  L  W  T  P  H  R  K  L  T  L  Â  X
L  R  A  L  I  P  I  S  I  N  E  M  A  N
A  A  N  E  A  I  T  A  H  H  C  G  T  A
E  U  E  K  I  V  H  B  N  G  H  D  O  Y
T  M  D  G  D  B  Y  D  G  W  N  I  M  I
H  E  I  T  H  A  F  O  L  Y  O  R  I  E
C  E  Q  V  T  W  T  Y  I  C  L  G  G  Z
F  F  R  W  Y  D  R  A  D  H  E  E  W  J
U  T  O  P  I  A  J  I  D  T  G  L  D  P
```

ATOMIG	LLYFRAU
SINEMA	DIRGEL
DYSTOPIA	BYD
FFRWYDRAD	ORACLE
EITHAFOL	BLANED
GWYCH	REALISTIG
TÂN	ROBOTIAID
GALAETH	TECHNOLEG
RHITH	UTOPIA
DYCHMYGOL	

25 - Città

```
L T A P E F Q D Y A S A S O
V W W S T A D I W M I R W X
T R Z O L R K W P I O C F F
T Z U D L C Q W T N P H A F
L H P I R H W T L F F F M E
S L E G M N B A N C L A G R
Z I Y A L A E E C M O R U Y
S R O F T D C G L A D C E L
A E J P R R W F I E A H D L
O R I E L G S S N S U N D F
G W E S T Y E V I A H A F A
S I N E M A W L G W B D A W
O B C L J U T C L Y S G O L
P R I F Y S G O L R S S Z F
```

MAES AWYR
BANC
LLYFRGELL
SINEMA
CLINIG
FFERYLLFA
SIOP FLODAU
ORIEL
GWESTY
FARCHNAD

AMGUEDDFA
SIOP
BECWS
YSGOL
STADIWM
ARCHFARCHNAD
THEATR
PRIFYSGOL
SW

26 - Virtù #1

```
D  H  B  S  A  C  Y  M  E  D  R  O  L  C
I  A  X  W  N  N  Q  F  V  O  P  Z  B  H
B  E  Q  Y  O  B  G  R  E  E  L  E  N  W
Y  L  S  N  E  F  K  E  U  T  V  Q  R  I
N  M  Y  O  U  F  I  D  R  H  M  K  C  L
A  P  M  L  Â  N  F  X  A  D  J  X  G  F
D  E  A  L  L  U  S  E  D  Y  D  Y  K  R
W  N  R  A  L  M  W  S  I  Z  Y  O  S  Y
Y  D  F  G  W  U  S  J  P  T  O  B  L  D
N  A  E  Q  C  L  A  F  W  S  H  A  Z  I
X  N  R  A  R  T  I  S  T  I  G  L  T  G
W  T  O  A  V  B  Z  A  B  W  O  B  O  I
I  S  L  A  N  N  I  B  Y  N  N  O  L  N
F  U  X  D  D  E  F  N  Y  D  D  I  O  L
```

SWYNOL
DIBYNADWY
ANGERDDOL
ARTISTIG
DA
CHWILFRYDIG
PENDANT
EFFEITHLON
HAEL

ANNIBYNNOL
DEALLUS
CYMEDROL
CLAF
YMARFEROL
LÂN
DOETH
DDEFNYDDIOL

27 - Compleanno

```
C C A N H W Y L L A U R P K
D H A N W Y D B B R H O D D
O Y L E K X H L G B T G M A
E A D G V X S W W E W C X Q
T M R D C U E Y A N U Y R R
H A M S E R C D H N Y D F I
I W V S M L A D O I F A N C
N R Y C K Y L Y D G C T T D
E V L L A W E N D Y A H Y N
B O H W Y R N M I A C L Y V
H A P U S V D L A J E I F P
T D M C M J R I D Q N A C C
S R K C M Z Z J A T K D Y Â
F F R I N D I A U U K K Z N
```

FFRINDIAU
BLWYDDYN
CALENDR
CANHWYLLAU
CÂN
CARDIAU
DATHLIAD
HWYL
HAPUS
LLAWEN

DYDD
IFANC
MAWR
GWAHODDIADAU
ANWYD
RHODD
DOETHINEB
ARBENNIG
AMSER
CACEN

28 - Fattoria #1

```
O A P Y F G D W B T I H Y C
S N A Z D W D L G D E L S L
C A T H Ŵ R I C Y W I Â R V
R E I S R T A I R M E B Z Y
G W A I R A D Y A B M N C J
T T U F H I E G S D T W Y B
B F L R C T L S Y F I H W N
F B L T A H L R N Y R J Q I
H S B S P Z U C B U W C H T
M A L O S H R Q E F S N O Y
A K D M O C H Y N F G A F R
E A A A F X H O V E F P C G
S L L O U Z R I D N H Y H O
M Ê L V S K C O R S J J L X
```

DŴR

GWENYN

ASYN

MAES

CI

GAFR

CEFFYL

GWRTAITH

GWAIR

CATH

DDIADELL

MOCHYN

MÊL

BUWCH

CYW IÂR

FFENS

REIS

HADAU

TIR

LLO

29 - Paesaggi

```
M U Y F K R H E W L I F C W
Y Y N Y S F H C I L D A Q S
N W N D V E Q A P Y T F Q D
Y T C Y Q Q T X E N G O R S
D R E F D J N D N A M N M A
D A F F K D R P R J D Ô C N
B E N R M W I N H F B R R I
L T F Y P Q S Â Y Z W A M A
W H O N N R G E N H E T A L
M G R C Y U E O A I R F P W
T U N D R A Y T L B D L D C
O G O F U F S J C R D A Y H
S U G Y A F E S F Y O O H B
E F N Z B W R O W N N J M R
```

RHAEADR
BRYN
ANIALWCH
AFON
GEYSER
RHEWLIF
OGOF
MYNYDD IÂ
YNYS
LLYN

MÔR
MYNYDD
WERDDON
CEFNFOR
GORS
PENRHYN
TRAETH
TUNDRA
DYFFRYN

30 - Ristorante #2

```
C A C E N H E W T T P A M D
P A G R R A H Y I N C C T B
Y N D F R L O A H S A I V L
S N A E D E N U L B W N P A
G T F G I N Q B A E L I I S
O P F F O R C H R I L O R U
D Ŵ R A D N Y C O S W G X S
E Y W N O N Z D S Y Y L V H
D W Y F B X L U D S U L U X
F P T V W M M A I F V Y X S
F I H F C U Q D Z N P S C M
S A L A D K Z A V D A I N P
N X I Z R X G J I Y C A Y G
S Z M Â Y H D K Q A O U T X
```

DŴR
DIOD
AROS
CINIO
LLWY
BLASUS
FFORC
FFRWYTH
IÂ

SALAD
CAWL
PYSGOD
HALEN
CADEIRYDD
SBEISYS
CACEN
WYAU
LLYSIAU

31 - Giardino

```
W P P R I D D N B Q I B Q G
Z W Z H H M A I N C H F I L
Z L P A H A V Q L M O F G A
P L G W B M C H W Y N E N S
R J F H C I P A Z Q N N D W
T R A M P O L Î N F O S G E
H T E R A S B O G A R D D L
C A P I B E L L A F S W B L
Y L M V K Y O L R Q B I O T
N T V M D B D O E D N E I
T M A H O F Y L J L L W Y N
E Q M T I C N E O D B Y Q Z
D O V F B O K H K E X D M R
D T S T I L A W N T R D H F
```

COED	CYNTEDD
HAMMOCK	LAWNT
LLWYN	RHACA
GLASWELLT	FFENS
CHWYN	PWLL
BLODYN	PRIDD
GAREJ	TERAS
GARDD	TRAMPOLÎN
RHAW	PIBELL
MAINC	WINWYDD

32 - Frutta

```
P  D  I  V  D  B  R  I  C  Y  L  L  C  B
O  V  Q  R  K  L  V  R  S  U  K  S  K  A
M  A  F  O  N  A  G  R  A  W  N  W  I  N
M  U  P  C  T  C  E  I  R  I  O  S  M  A
O  A  T  M  T  K  L  R  P  L  O  R  E  N
E  Q  N  S  A  B  L  P  N  A  F  A  L  A
N  Y  Z  G  G  E  Y  J  E  F  P  R  O  B
V  I  F  E  O  R  G  A  C  O  B  A  N  E
U  D  B  F  Y  R  L  E  T  C  I  W  I  R
P  E  A  C  H  Y  E  R  A  A  F  C  S  A
X  M  I  O  V  L  M  O  R  D  F  I  T  A
J  G  Z  R  U  A  O  N  I  O  I  O  Z  N
X  C  F  K  I  B  N  S  N  N  G  F  L  L
F  V  P  M  Y  N  E  Q  E  S  X  K  R  W
```

BRICYLL	MANGO
OREN	AFAL
AFOCADO	MELON
AERON	BLACKBERRY
BANANA	NECTARINE
CEIRIOS	PAPAIA
FFIG	GELLYG
CIWI	PEACH
MAFON	EIRIN
LEMON	GRAWNWIN

33 - Fattoria #2

```
R S O A L C I Z I D M A U J
W E B U G A I L D N B A Q Y
D L X C K I M M R C I W W W
H B L P E T R A C T O R Y P
A C X A N I F E I L I A I D
I B W Z E F F R W Y T H Q E
D W E S S T F F E R M W R F
D O I G V L H C O R N Y D A
G W E N I T H I G X N A Y I
G W Y D D A U G T M C D F D
K Q Y S G U B O R I V E R K
L G A E D D F E D R D N H C
B E R L L A N N M K Ô X A D
U M J H X U R P I M L L U Y
```

CIG OEN   LAMA
FFERMWR   LLAETH
HWYADEN   CORN
ANIFEILIAID   AEDDFED
BWYD   GWYDDAU
YSGUBOR   HAIDD
FFRWYTH   BUGAIL
BERLLAN   DEFAID
GWENITH   DÔL
DYFRHAU   TRACTOR

34 - Dinosauri

```
N B T Y C G M T X E J Y F R
L E S B L Y G I A D B M F H
L S N J I B N J M D P L O Y
Y P L I M S Y F O R S U S W
S W T Y Z A Y H F H F S I O
I E A D E N Y D D O O G L G
E R K I Q B Y D B Z N I A A
U U O F T R M A C Z U A U E
Y S G L Y F A E T H V I A T
N U M A D R M A N M C D H H
Q O M N I V O R E F A G S A
H X O I P V T C Z Y A W O U
U W W A B U H D P H X W R T
E H S D B T M A I N T I R D
```

ADENYDD   OMNIVORE
CYNFFON   PWERUS
ENFAWR   YSGLYFAETH
LLYSIEUYN   YMLUSGIAID
ESBLYGIAD   DIFLANIAD
FFOSILAU   RHYWOGAETHAU
MAWR   MAINT
MAMOTH   DDAEAR

35 - Verdure

```
P M B N W M A I P E R S L I
Y O S R P N D R E K N X L U
S R Z A O S K Y T A T W S Y
M O L D L C P L L I O F C M
K N X I J D O A V M S C A I
G M G S Y S E L E R I I H K
E A X H S Y M W I C N W O E
A D R O L E W Y D D S C S G
P A C L H M G E H U I Y P I
W R I Q L S A L A D R M H G
M C B C H E U N I O N B N L
P H E B Y V G D U S J R W W
E G G P L A N T O M A T O I
N M G Y N S B I G O G L Y S
```

GARLLEG	TATWS
BROCOLI	PYS
ARTISIOG	TOMATO
MORON	PERSLI
CIWCYMBR	MAIP
UNION	RADISH
MADARCH	SELERI
SALAD	SBIGOGLYS
EGGPLANT	SINSIR
OLEWYDD	PWMPEN

36 - Scuola #2

```
A A C A D E M A I D D O E U
C D V L L Y F R G E L L Y C
A A D P E N S I L K J V P O
L R Q Y M J U E M A T H J O
E L L T S I S W R N F C I U
N L I Z I G E I R I A D U R
D E G W Y D D O N I A E T H
R N Z S D G R A M A D E G
P A P U R E S G I D I A U X
N H X G X M D E B I R B A Y
L L Y F R A U C W I Y N T Q
B S K G G U F H S T T V H G
K C C Y F R I F I A D U R S
L L E N Y D D I A E T H O J
```

ACADEMAIDD
BWS
LLYFRGELL
CALENDR
PAPUR
CYFRIFIADUR
GEIRIADUR
ADDYSG
SISWRN
GEMAU

GRAMADEG
ATHRO
LLENYDDIAETH
DARLLEN
LLYFRAU
MATH
PENSIL
ESGIDIAU
GWYDDONIAETH

37 - Gentilezza

```
K  I  W  Q  P  H  H  N  P  D  V  C  I  E
E  H  J  H  A  B  A  A  X  G  G  F  P  K
C  G  A  G  R  I  Y  P  E  H  M  A  B  B
G  S  M  O  C  Z  O  Z  U  L  Q  D  I  S
C  L  A  F  H  D  I  L  Y  S  J  Y  U  Y
A  F  R  Q  G  O  D  D  E  F  G  A  R  L
R  V  A  X  B  H  N  Y  S  B  Y  T  Y  W
I  X  G  O  C  Y  F  E  I  L  L  G  A  R
A  G  F  N  F  J  Q  V  S  J  D  S  T  F
D  E  R  B  Y  N  O  E  K  T  S  E  B  S
U  D  E  A  L  L  T  W  R  I  A  E  T  H
S  T  O  S  T  U  R  I  O  L  P  F  U  O
D  I  B  Y  N  A  D  W  Y  C  K  U  H  R
D  D  E  F  N  Y  D  D  I  O  L  Y  G  M
```

DIBYNADWY
CYFEILLGAR
CARIADUS
SYLW
TOSTURIOL
DEALLTWRIAETH
HAPUS
HAEL

DILYS
ONEST
YSBYTY
CLAF
DERBYN
PARCH
GODDEFGAR
DDEFNYDDIOL

38 - Barbecue

```
C T Q I B H V F D V G R Z J
Y E G E M A U F U M R I C Y
W G R I L L E R X N J M P G
I C E D N E V W T E U L U W
Â T Y K D N N Y B W Y D P A
R S O L X O H T S Y P L U H
P Y A M L P R H Y N O Y R O
F R L C A Y H I S Z E V G D
F T Z Y K T L Q A H T G S D
O H H A F H O L L E H C N I
E I E T T J S S A C T B N A
X O H N K E K F D G J H J D
K N C I N I O S A W S Z M M
O U L L Y S I A U V X N T G
```

POETH
CINIO
BWYD
SYRTHION
CYLLYLL
HAF
NEWYN
TEULU
FFRWYTH
GEMAU

GRIL
SALADAU
GWAHODDIAD
CERDDORIAETH
PUPUR
CYW IÂR
TOMATOS
HALEN
SAWS
LLYSIAU

39 - Riempire

```
G A S G E N A B A S N M Y D
P O T E L J M U B V Z R V K
A L C I M K L H H Z I V K A
B M J K A F E B A G B F P N
H E Z G P L N V M O R U B J
W J Y A R W H W B O V A S E
S N T F S O K B W Y F Y I N
H S P E C Y N H R M I Q Z L
O F F O L D E R D R C X L G
C V B W C E D A D O S N Z K
D L C A W E L L B L W C H Q
L R D B E T D C C A R T O N
Z J Ô T I W B W Ê S Q L O G
W Q J R L B E B A S G E D H
```

BASN	PECYN
GASGEN	BLWCH
BAG	BWCED
POTEL	POCED
AMLEN	TIWB
FFOLDER	CÊS
CARTON	TWB
CAWELL	VASE
DRÔR	HAMBWRDD
BASGED	

40 - Insetti

```
R  B  T  D  A  G  F  G  Z  S  V  A  N  T
K  L  S  B  U  D  P  C  I  C  A  D  A  Y
A  F  P  Y  C  G  Y  G  C  D  P  I  C  P
C  M  O  S  G  I  T  O  Z  B  H  Y  H  D
G  A  N  G  J  D  P  L  X  X  I  J  W  U
W  W  C  L  O  C  U  S  T  X  D  C  I  I
Y  D  A  Y  Q  G  F  P  R  Y  F  H  L  Z
F  J  K  S  N  C  L  A  R  F  A  W  E  L
Y  U  U  M  Y  E  X  Ö  F  F  N  A  N  A
N  Z  J  A  N  N  E  Y  Z  H  I  D  D
E  W  W  N  G  W  E  N  Y  N  E  N  D  Y
F  Y  Y  T  E  R  M  I  T  E  B  P  U  B
C  H  W  I  L  E  N  Q  D  B  J  Y  M  U
J  H  A  S  P  M  O  R  G  R  U  G  W  G
```

APHID	GWAS Y NEIDR
GWENYN	LOCUST
CICADA	MANTIS
LADYBUG	CHWAIN
CHWILEN	CHWILEN DDU
GWYFYN	TERMITE
GLÖYN BYW	PRYF
MORGRUG	CACYNEN
LARFA	MOSGITO

41 - Erboristeria

```
F  L  G  L  Y  B  A  S  I  L  N  H  P  O
F  S  M  P  D  V  U  N  P  N  Z  W  W  R
E  T  A  R  A  G  O  N  S  X  Y  R  W  E
N  A  R  O  M  A  T  I  G  A  R  D  D  G
I  D  J  Y  V  E  V  B  L  G  W  W  Y  A
G  C  O  G  I  N  I  O  S  A  K  D  W  N
L  B  R  G  C  S  A  F  F  R  W  M  D  O
A  A  A  Q  W  H  P  K  B  L  O  D  Y  N
F  T  M  G  R  Y  E  Z  Y  L  A  N  N  O
A  H  L  B  R  V  R  Y  T  E  I  M  S  S
N  D  D  O  P  H  S  D  E  G  U  C  R  O
T  Y  I  C  R  D  L  R  D  Z  I  M  H  K
P  T  L  G  F  C  I  R  H  O  S  M  A  R
C  Y  N  H  W  Y  S  I  O  N  J  Q  P  B
```

GARLLEG	LAFANT
DIL	MARJORAM
AROMATIG	BATHDY
BASIL	OREGANO
COGINIO	PERSLI
TARAGON	ANSAWDD
FFENIGL	RHOSMAR
BLODYN	TEIM
GARDD	GWYRDD
CYNHWYSION	SAFFRWM

42 - Danza

```
Y  M  Y  N  E  G  I  A  N  N  O  L  Y  B
M  I  D  G  R  P  Q  G  L  L  A  W  E  N
A  C  L  A  S  U  R  O  L  K  N  W  D  A
R  E  O  P  G  Z  S  Y  M  U  D  I  A  D
F  R  G  R  A  S  P  A  R  T  N  E  R  C
E  D  L  H  F  G  W  E  L  E  D  O  L  E
R  D  N  P  N  F  I  M  F  P  B  R  I  L
M  O  C  O  R  E  O  G  R  A  F  F  I  F
X  R  D  I  W  Y  L  L  I  A  N  T  F  X
D  I  W  Y  L  L  I  A  N  N  O  L  O  D
C  A  N  U  E  A  N  E  M  O  S  I  W  N
N  E  I  D  I  O  O  D  F  H  S  O  D  G
C  T  A  C  A  D  E  M  I  D  A  G  Y  S
R  H  Y  T  H  M  R  Y  B  U  N  B  O  D
```

ACADEMI	LLAWEN
CELF	GRAS
CLASUROL	SYMUDIAD
PARTNER	CERDDORIAETH
COREOGRAFFI	OSGO
CORFF	YMARFER
DIWYLLIANT	RHYTHM
DIWYLLIANNOL	NEIDIO
EMOSIWN	GWELEDOL
MYNEGIANNOL	

43 - Scuola #1

```
F  L  E  U  J  F  L  P  A  P  U  R  B  V
Q  K  L  W  A  B  B  A  R  F  J  P  Y  C
G  W  K  Y  M  A  T  H  H  V  J  L  I  W
G  Z  Y  D  F  P  F  F  O  L  D  E  R  I
K  M  P  D  B  R  D  F  L  L  D  C  F  S
C  E  F  O  X  I  A  I  I  Y  D  O  F  C
R  N  G  R  G  D  B  U  A  F  A  R  R  A
D  P  P  S  D  D  X  O  D  R  T  L  I  D
R  E  J  I  F  Y  H  T  A  G  E  A  N  E
Q  N  S  M  C  S  M  D  U  E  B  N  D  I
R  S  J  G  I  G  S  M  V  L  I  N  I  R
L  I  O  A  N  U  H  W  Y  L  O  A  A  Y
L  L  N  X  I  A  T  H  R  O  N  U  U  D
T  J  M  P  O  R  H  I  F  A  U  A  Y  D
```

WYDDOR	PENSIL
FFRINDIAU	RHIFAU
LLYFRGELL	CORLANNAU
PAPUR	I DDYSGU
FFOLDERI	CINIO
HWYL	CWIS
ARHOLIADAU	ATEBION
ATHRO	DESG
LLYFRAU	CADEIRYDD
MATH	

44 - Fiori

```
X O L P D J R L E L O G P T
M E I L L I O N A Y I S E E
A P L U Y D R Z O F V O O G
G E Y M R G A X L A A N N E
N T V E A D A N Y H W N Y I
O A E R G M P D T F U H T R
L L O I T J A X Y Y D Q Q I
I A Q A U R B B P D L Y G A
A A J A S M I N E G Y L H N
I Y H H W R H O S Y N D E Y
T I W L I P W G H D L L D W
R Q A G A R D E N I A K F Q
H I B I S C U S W A Q I S C
G H L S H F Z Y Z G J K I S
```

DANT Y LLEW
GARDENIA
JASMINE
LILY
HIBISCUS
LAFANT
LELOG
MAGNOLIA
LLYGAD Y DYDD

TUSW
TEGEIRIAN
PABI
PEONY
PETAL
PLUMERIA
RHOSYN
MEILLION
TIWLIP

45 - Ecologia

```
P L A N H I G I O N W S O Z
F A R N I V Y B W H O Y I B
M M X V N N A T U R U C Y G
Y R Z O S Y O Z F J E H T P
N Y F F A W N A L G F D L U
Y W N X W F U G O R O E S I
D I A J D F P Y R Y M R O H
D A T B D H E U A Y X E S T
O E U C Y N A L I A D W Y T
E T R E A D N O D D A U N N
D H I C Y N E F I N T E O V
D G O O T C R A M O R O L K
D C L Y I M K A N R H V M A
C Y M U N E D A U G C T U D
```

HINSAWDD

CYMUNEDAU

AMRYWIAETH

FFAWNA

FLORA

BYD-EANG

CYNEFIN

MOROL

MYNYDDOEDD

NATUR

NATURIOL

GORS

PLANHIGION

ADNODDAU

SYCHDER

GOROESI

CYNALIADWY

46 - Discipline Scientifiche

```
E A T M E T E O R O L E G K
Q G B M W Y N G L A W D D D
M S E I C O L E G C S S X H
R A L C O L L Y S I E U E G
E A E T J L A N A T O M E G
G Y G T R A E M E C A N E G
I Y X O H E N G U T U Z C G
S E R Y D D I A E T H H O Z
C Y M D E I T H A S E G L B
T N A J U F R D A E A R E G
S Q Z A R C H A E O L E G F
I E I T H Y D D I A E T H B
B I O C E M E G Q B O H R R
K Q G G C Z N I W R O L E G
```

ANATOMEG
ARCHAEOLEG
SERYDDIAETH
BIOCEMEG
BIOLEG
LLYSIEUEG
CEMEG
ECOLEG
DAEAREG

IEITHYDDIAETH
MECANEG
METEOROLEG
MWYNGLAWDD
NIWROLEG
MAETH
SEICOLEG
CYMDEITHASEG

47 - Scienza

```
E  G  D  H  I  N  S  A  W  D  D  Y  W  Q
S  R  I  L  Z  T  H  O  E  V  M  U  D  Q
B  O  S  L  F  U  G  D  R  D  P  M  X  A
L  N  G  A  P  L  R  D  O  G  L  W  M  K
Y  Y  Y  B  P  F  D  A  T  A  A  Y  O  H
G  N  R  O  F  Y  C  M  V  R  N  N  L  Y
I  N  C  R  F  Q  P  C  Z  B  H  A  E  M
A  A  H  D  A  F  C  A  Q  R  I  U  C  B
D  U  I  Y  I  F  E  N  F  A  G  Q  I  J
K  D  A  A  T  O  M  I  F  W  I  V  W  D
Z  U  N  D  H  S  E  A  I  F  O  E  L  N
L  N  T  T  U  I  G  E  S  J  N  W  A  F
N  A  T  U  R  L  O  T  E  T  T  K  U  I
S  J  B  Y  Z  Q  L  H  G  N  V  I  Q  N
```

ATOM	DDAMCANIAETH
CEMEGOL	LABORDY
HINSAWDD	DULL
DATA	MWYNAU
ARBRAWF	MOLECIWLAU
ESBLYGIAD	NATUR
FFAITH	ORGANEB
FFISEG	GRONYNNAU
FFOSIL	PLANHIGION
DISGYRCHIANT	

48 - Acqua

```
M S X A F G V Z F P S O Q T
Ô T K G L A W H F H D V T O
R Ê H W L L E R H C T M N
B M C A I G A T W M A F O N
L O M E F B D I D A W H N A
G G M T O I Y O T D O U S U
J T H X G Â B P X H D E Ŵ N
X W N C Y F E D W B Z I N Q
A N W E D D I A D H Q R L A
I D I L D G B Z F T G A L Z
R D Y F R H A U Z O Q M Y L
J H D K Z O Q P X J N A N P
L L E I T H D E R P B I A E
C O R W Y N T B V U Y T A Q
```

LLIFOGYDD
CAWOD
ANWEDDIAD
AFON
FFRWD
RHEW
IÂ
DYFRHAU
LLYN
MONSŴN

EIRA
MÔR
TONNAU
GLAW
YFED
LLEITHDER
LLAITH
CORWYNT
STÊM

49 - Gatti

```
C R A Z Y M Q G D X U G M P
R D K O L E H W D M R Q C E
A P A W Y C H Y D I G G H R
F T L N Z B Y L Y A Z Z W S
A N L B N O S L L E N B I O
N S Y D Y I Z T D L L Q L N
C R G L F D B C H S S E F O
P D O H E L W Y R Z W O R L
I S D W K O Y F N Q N M Y I
H S E C L V T L F N J X D A
P P N C Z E Z Y S W O O I E
C Y N F F O N M W N R L G T
C H W A R E U S I B R Y F H
E D A F E D D N L C Y S G U
```

CRAFANC	FFWR
HELWYR	PERSONOLIAETH
CYNFFON	YCHYDIG
CHWILFRYDIG	GWYLLT
CYSGU	SWIL
EDAFEDD	LLYGODEN
CHWAREUS	CYFLYM
ANNIBYNNOL	PAW
CRAZY	

50 - Surf

```
D P A P I M T Y W Y D D E H
E E B O L A R C S Z J C I W
C N A B V D A D V O M E T Y
H C Z L Y Z E B O L A C H L
R A Q O V I T K J N B Y A C
E M W G U V H O J W O F F E
U P W A K A R D D U L L O F
W W R I I N O F I O G Y L N
R R X D K U E B U G A M E F
I C I D G F K W J O M D S O
H F G B Q D E R Y N P E Y R
Q T O R F E Y D D N W R Z A
F H Z L C R Y F D E R P K H
C H W I S T R E L L U S O D
```

MABOLGAMPWR
PENCAMPWR
HWYL
EITHAFOL
TORFEYDD
CRYFDER
TYWYDD
I NOFIO
CEFNFOR

DON
POBLOGAIDD
DECHREUWR
EWYN
TRAETH
CHWISTRELLU
ARDDULL
BOLA
CYFLYMDER

51 - Imbarcazioni

```
L  U  F  Y  E  W  Z  P  X  J  J  P  E  D
M  L  P  V  Q  D  D  L  X  R  H  H  V  J
H  M  Y  G  A  L  X  A  L  T  B  H  H  E
P  O  D  N  H  T  L  S  L  O  I  W  M  I
C  R  I  W  W  B  U  A  N  G  O  R  W  G
H  W  Y  L  I  O  U  F  N  U  F  M  Y  K
S  R  Y  N  D  S  T  O  E  W  F  O  A  I
C  A  N  Ŵ  U  B  P  N  U  W  E  R  F  O
C  E  F  N  F  O  R  A  Z  U  R  W  R  C
C  W  C  H  H  W  Y  L  I  O  I  R  J  C
A  M  Ô  R  R  H  A  F  F  I  I  O  W  Y
I  P  E  I  R  I  A  N  T  L  U  L  W  T
A  K  K  L  L  A  H  N  F  L  X  D  J  X
C  J  H  T  O  N  N  A  U  U  W  L  O  K
```

MWYAF	MÔR
ANGOR	LLANW
CWCH HWYLIO	MORWR
PRYNU	PEIRIANT
CANŴ	MORWROL
RHAFF	CEFNFOR
CRIW	TONNAU
AFON	FFERI
CAIAC	HWYLIO
LLYN	LLU

52 - Api

```
C E V C K M V P A I L L B B
B V E H D W L F P Y T Y X R
L L C A M G V Y Y C W C H E
O A O I I F K Q F M R W B N
D D S D U Z N Q P M A Y U H
A E Y C Y N E F I N M R D I
U N S B W N L X F H R G D N
P Y T W B T A X K R Y M I E
R D E Y M T H C O O W G O S
Y D M D L M Ê L Q X I Y L T
F G A R D D J A H J A S T O
E T W O O X T S P U E U C H
D H H I R O D A Y D T Q Z A
P L A N H I G I O N H A U L
```

ADENYDD
CWCH
BUDDIOL
CWYR
BWYD
AMRYWIAETH
ECOSYSTEM
BLODAU
BLODYN
FFRWYTH

MWG
GARDD
CYNEFIN
PRYFED
MÊL
PLANHIGION
PAILL
BRENHINES
HAID
HAUL

53 - Conservazione

```
P Y C D N E W I D I A D A U
G R I C Y N E F I N A I H Z
G W Y R D D Y T P F M E I C
F Y R D P Q Y L F N G C N E
A V C L E U Z U X A Y H S F
N W G I W R A W H T L Y A X
Z A I L G Y L C H U C D W O
L Q D H V F F H G R H S D R
L E Z D C Y L C H I E D D G
E C O S Y S T E M O D N M A
I K A A L S G K L L D H S N
H U U W M L G Y D G O N U I
A L L Y G R E D D U L M B G
U C Y N A L I A D W Y D Ŵ R
```

DŴR
AMGYLCHEDDOL
NEWIDIADAU
CYLCH
HINSAWDD
ECOSYSTEM
ADDYSG
CYNEFIN
LLYGREDD

NATURIOL
ORGANIG
PRYDER
AILGYLCHU
LLEIHAU
IECHYD
CYNALIADWY
GWYRDD

54 - Strumenti Musicali

```
Y  D  U  Y  Q  C  W  X  T  Q  T  I  U  J
T  U  O  F  F  L  I  W  T  S  A  G  R  M
K  E  N  E  B  Y  Y  R  R  A  M  G  Q  A
M  B  L  M  G  C  U  M  O  C  B  X  Z  R
N  A  M  Y  O  H  T  X  M  S  W  T  K  I
C  S  N  U  N  A  G  O  B  O  R  Y  G  M
L  W  U  D  G  U  O  W  Ô  F  Î  X  P  B
A  N  Y  J  O  F  R  B  N  F  N  Z  I  A
R  J  R  D  V  L  N  N  N  O  E  T  A  B
I  X  F  F  I  D  I  L  A  N  D  I  N  D
N  X  K  R  A  B  A  N  J  O  K  R  O  F
É  A  R  L  G  G  R  V  P  X  Q  O  W  K
T  K  M  E  K  G  I  T  Â  R  A  H  X  M
D  V  L  O  Y  W  S  R  P  Q  T  F  T  G
```

TELYN
BANJO
CLYCHAU
GITÂR
CLARINÉT
BASWN
FFLIWT
GONG
MANDOLIN

MARIMBA
OBO
PIANO
SACSOFFON
TAMBWRÎN
DRWM
UTGORN
TROMBÔN
FFIDIL

55 - Professioni #2

```
P E I N T I W R G I B K Z N
F A T H R O J W A E I K I E
L F P L N C J K R I O G A W
L P E I L O T S D T L O T Y
Y D I R P A X I D H E F H D
F A R R M A W K W Y G O R D
R R I D X W Y F R D Y D O I
G L A M I G R P E D D W N A
E U N E S T U S L D D R Y D
L N N D G E E R Q M D I D U
L Y Y D C Z Z C D X K Y D R
Y D D Y T I H O T C R W G W
D D D G T D Y F E I S I W R
D D E I N T Y D D I F Q M X
```

FFERMWR	NEWYDDIADURWR
GOFODWR	DARLUNYDD
LLYFRGELLYDD	PEIRIANNYDD
BIOLEGYDD	ATHRO
LLAWFEDDYG	DYFEISIWR
DEINTYDD	IEITHYDD
DITECTIF	MEDDYG
ATHRONYDD	PEILOT
GARDDWR	PEINTIWR

56 - Letteratura

```
C B A R D D O N O L Q R N R
C H W A C G M W X B Z C O L
Y C W N I R I R H Y T H M G
F Y G E C E R D D W U H T Z
A M W N D T D D C G E N R E
T H E M A L I E A R D E O H
E A R J R I S I S A W X S M
B R W V D N G A G F X N I O
I I V D D K R L L F N O A K
A A X I U X I O I I B F D T
E E J L L R F G A A A E P L
T T W G L F I C D D R L T E
H H O A Y E A I Z D N B Z X
Y K Z N C C D C G T V S I J
```

CYFATEBIAETH
CHWEDL
AWDUR
BYWGRAFFIAD
CASGLIAD
CYMHARIAETH
DISGRIFIAD
DEIALOG
GENRE

TROSIAD
BARN
CERDD
BARDDONOL
ODL
RHYTHM
NOFEL
ARDDULL
THEMA

57 - Cibo #2

```
K  S  B  A  I  D  M  I  N  P  C  M  E  U
X  I  R  E  I  S  U  E  T  Y  M  A  N  R
W  O  H  A  M  T  F  T  L  S  C  D  W  Y
J  C  B  R  O  C  O  L  I  G  Y  A  S  D
S  L  G  W  E  N  I  T  H  O  W  R  O  C
E  E  G  G  P  L  A  N  T  D  I  C  Q  E
L  D  O  K  B  Z  F  X  A  C  Â  H  N  I
E  F  X  T  O  M  A  T  O  C  R  G  L  R
R  O  W  H  Z  T  L  B  L  C  A  W  S  I
I  B  A  R  A  G  R  A  W  N  W  I  N  O
C  I  W  I  C  E  F  N  X  G  K  J  A  S
I  O  G  W  R  T  P  A  D  D  B  G  X  D
V  N  D  O  G  S  N  N  F  Z  Q  Q  W  B
K  E  H  V  H  K  H  A  P  E  W  B  W  J
```

BANANA	BARA
BROCOLI	PYSGOD
CEIRIOS	CYW IÂR
SIOCLED	TOMATO
CAWS	HAM
MADARCH	REIS
GWENITH	SELERI
CIWI	WY
AFAL	GRAWNWIN
EGGPLANT	IOGWRT

58 - Nutrizione

```
S  G  D  C  G  C  H  W  E  R  W  W  P  X
B  A  X  Y  W  A  S  A  W  S  J  Y  R  J
E  L  U  T  E  R  H  I  Z  N  D  B  O  B
I  O  H  B  N  B  D  E  I  E  T  L  T  W
S  R  T  W  W  O  I  P  C  G  H  D  E  Y
Y  Ï  I  Y  Y  H  Y  L  I  F  A  U  I  T
S  A  E  S  N  Y  X  E  B  V  T  D  N  A
O  U  C  U  Q  D  P  S  N  C  A  Y  A  D
V  V  H  Y  T  R  E  U  L  I  A  D  U  W
U  B  Y  B  T  A  M  P  W  Y  S  A  U  Y
M  P  D  U  E  D  A  G  J  J  I  G  V  P
A  R  C  H  W  A  E  T  H  N  Q  A  P  V
A  W  X  B  E  U  T  A  G  Y  Y  D  C  I
E  D  A  C  B  F  H  B  R  G  X  E  I  H
```

CHWERW	HYLIFAU
ARCHWAETH	MAETH
CYTBWYS	PWYSAU
GALORÏAU	PROTEINAU
CARBOHYDRADAU	SAWS
BWYTADWY	IECHYD
DEIET	IACH
TREULIAD	SBEISYS
EPLESU	GWENWYN

59 - Matematica

```
C  R  H  I  F  Y  D  D  E  G  T  H  X  C
J  Y  R  V  E  B  H  V  U  C  Z  I  Q  Y
Y  F  L  X  T  P  E  T  R  Y  A  L  C  M
T  F  A  C  G  E  O  M  E  T  R  E  G  E
R  R  M  D  H  C  Q  U  J  O  S  O  R  S
I  A  F  I  C  E  Y  F  O  N  G  L  A  U
O  C  E  A  P  U  D  F  B  G  W  V  D  R
N  S  S  M  Y  H  E  D  R  Z  Â  I  I  E
G  I  U  E  B  P  G  O  N  O  R  D  W  D
L  W  R  D  C  D  O  X  Q  S  L  G  S  D
D  N  H  R  G  Y  L  P  O  L  Y  G  O  N
H  A  F  A  L  I  A  D  S  W  M  R  K  Z
V  F  P  A  R  A  L  E  L  O  G  R  A  M
A  C  Y  F  O  C  H  R  O  G  M  T  L  P
```

ONGLAU	AMFESUR
RHIFYDDEG	POLYGON
CYLCHEDD	SGWÂR
DEGOL	RADIWS
DIAMEDR	PETRYAL
HAFALIAD	CYMESUREDD
FFRACSIWN	SWM
GEOMETREG	TRIONGL
CYFOCHROG	CYFROL
PARALELOGRAM	

60 - Vacanza #1

```
A H Y O B A C K P A C K Q I
P M X W H R F N H L L Y N M
T L G U Q I G M C A R M S I
W G Q U U A Q Z Ê F A B L X
R Z H P E N Q J S W E A V X
I Q I Q Y D G W F R Z R A D
S U K E M M D H F G G É M Q
T Y Q J L X A F F L Y L S H
I R D Z A D Y D A W Y R E N
A N T N C A S C A X H B R A
I S O V I I P G C W G H L N
D F C F O T T R A M I B E P
O O Y B I H E N R W V A N H
O S N X T O L L A U Q A D S
```

AWYREN
CAR
TOCYN
TOLLAU
AMSERLEN
LLYN
AMGUEDDFA
I NOFIO
YMBARÉL

YMADAWIAD
YMLACIO
DAITH
TRAM
TWRISTIAID
CÊS
ARIAN
BACKPACK

61 - Bagno

```
X M U T O I L E D X Q S K C
S Y D M Y S Z S R U G E H B
I A R I E W P U Y T Z T C B
S C F A U C E T C W A O F A
W B A T H O R L H Y X Q M I
R N M W P N S E B O N D Ŵ R
N B O J O E A F C T O W R L
I E M S I D W H D O D O D N
Q H L W B B R A O F D M D O
U U S I A M P A B L I C K M
G E J G A J H G Y I I T A N
L K C O D J J E Y V J O Y V
Z K S D O X Y R W O D X O U
Y Y J G S U I M D J K X I A
```

DŴR	PERSAWR
TYWEL	FAUCET
BATH	SEBON
SWIGOD	SIAMP
CAWOD	DRYCH
SISWRN	NODDI
TOILED	RUG
ELI	AGER

62 - Meditazione

```
C  S  M  E  D  D  Y  L  I  O  L  O  D  M
M  A  E  G  L  U  R  D  E  R  L  G  I  E
E  F  R  Q  O  O  O  E  W  V  Z  A  O  D
D  B  K  E  M  O  S  I  Y  N  A  U  L  D
D  W  O  H  D  A  D  I  B  Q  Z  W  C  Y
W  Y  T  U  E  I  H  E  D  D  W  C  H  L
L  N  Z  A  O  X  G  K  R  V  R  D  G  I
A  T  T  O  S  T  U  R  I  B  A  T  A  A
S  N  M  Y  G  J  Q  A  W  M  Y  C  R  U
Y  D  A  G  O  Q  J  N  M  Y  P  N  W  D
L  M  J  D  A  Y  E  U  U  K  D  M  C  A
W  X  J  K  L  N  A  T  U  R  L  D  H  W
X  X  S  Y  M  U  D  I  A  D  I  Q  O  E
C  E  R  D  D  O  R  I  A  E  T  H  O  L
```

DERBYN
SYLW
DAWEL
EGLURDER
TOSTURI
EMOSIYNAU
CAREDIGRWYDD
DIOLCHGARWCH
MEDDYLIOL

MEDDWL
SYMUDIAD
CERDDORIAETH
NATUR
HEDDWCH
MEDDYLIAU
OSGO
SAFBWYNT
ANADLU

63 - Estate

```
F  P  A  T  G  O  F  I  O  N  Y  X  U  C
G  W  E  R  S  Y  L  L  A  G  Ŵ  Y  L  E
C  Q  A  V  N  I  L  Q  Y  H  M  V  C  R
G  I  U  L  H  A  H  E  L  C  Q  Ô  A  D
A  E  W  L  S  A  N  D  A  L  A  U  R  D
R  Y  M  L  A  C  I  O  R  I  G  E  T  O
D  D  H  A  M  D  D  E  N  S  Ê  R  R  R
D  E  M  W  U  F  D  P  C  B  V  V  E  I
J  Y  T  E  I  T  H  I  O  J  W  H  F  A
M  L  A  N  D  E  I  F  I  O  C  Y  A  E
R  Z  E  Y  K  F  U  T  E  U  L  U  D  T
D  U  Z  D  L  L  Y  F  R  A  U  S  Q  H
Y  C  I  D  F  F  R  I  N  D  I  A  U  V
T  R  A  E  T  H  F  Q  D  R  X  J  A  N
```

FFRINDIAU	MÔR
GWERSYLLA	CERDDORIAETH
CARTREF	ATGOFION
BWYD	YMLACIO
TEULU	SANDALAU
GARDD	TRAETH
GEMAU	SÊR
LLAWENYDD	HAMDDEN
DEIFIO	GŴYL
LLYFRAU	TEITHIO

64 - Escursionismo

```
T R W M R Y E P L X H E A N
H Y E Y P H N A Z C T V N A
I Z W N A L G R X O O F I T
N P J Y H Z L A R K U G F U
S A Q D D U E T N B M J E R
A R J D B D H O B Y E V I E
W C E R R I G I K L P T L S
D I Q C Y F E I R I A D I G
D A K L P E R Y G L O N A I
M U A O F L I N E D I G I D
H A I G W E R S Y L L A D I
A T P W G W Y L L T Y U X A
U T A Y J Q X A E H K S Y U
L C A N L L A W I A U D Ŵ R
```

DŴR
ANIFEILIAID
GWERSYLLA
HINSAWDD
CANLLAWIAU
MAP
TYWYDD
MYNYDD
NATUR
CYFEIRIAD

PARCIAU
PERYGLON
TRWM
CERRIG
PARATOI
CLOGWYN
GWYLLT
HAUL
FLINEDIG
ESGIDIAU

65 - Professioni #1

```
D M S P B P U L X V K G L D
J A G I H E L W Y R U O L A
B V W A O I Y Y P M C L Y E
A F Y N V S T N M O Y Y S A
N F D Y S E W T N W F G G R
C E D D J I L T A S R Y E E
I R O D Y C W Z R E E D N G
W Y N A A O L R T R I D N W
R L Y B G L W F I Y T H A R
A L D M K E X A S D H C D U
L Y D M R G M G T D I O Z D
P D K V V Y Z Y Z W W D P K
I D A L G D N N D R R I H N
F H C E R D D O R D N Y R S
```

LLYSGENNAD
ARTIST
SERYDDWR
CYFREITHIWR
DAWNSIWR
BANCIWR
HELWYR
GOLYGYDD
FFERYLLYDD

DAEAREGWR
GEMYDD
PLYMWR
NYRS
CERDDOR
PIANYDD
SEICOLEGYDD
GWYDDONYDD

66 - Antartide

```
D Ŵ R E Q T Y M H E R E D D
A B G A Y M C H W I L Y D D
E A W C M Y D Y C Â O D P V
A E Y A Q G U D F D U B M S
R Q D D C G Y E F A L P O F
Y N D W Y T B L P I N W R B
D O O R M G E F C T D D F B
D M N A Y P E N R H Y N I N
I W O E L H B S E O E X L R
A Y L T A A S Y I M U D O V
E N M H U X H U G E E C D V
T A T R H E W L I F O E D D
H U Z T M T A F O B U U W V
Y N Y S O E D D G O G G K E
```

DŴR
AMGYLCHEDD
BAE
MORFILOD
CADWRAETH
CYFANDIR
DAEARYDDIAETH
RHEWLIFOEDD
IÂ
YNYSOEDD

MUDO
MWYNAU
CYMYLAU
PENRHYN
YMCHWILYDD
CREIGIOG
GWYDDONOL
DAITH
TYMHEREDD

67 - Libri

```
D B L M L U S A W D U R B V
E A L D O N I O L Q V B O C
U R E P E R T H N A S O L A
O D N H A N E S Y D D O L S
L D Y S G R I F E N E D I G
I O D B T U D A L E N I C L
A N D A U O A N T U R U Y I
E I O K A D R O D D W R D A
T A L W N E D I S U Y D D D
H E E G F Y N S C Y F R E S
A T F R L R Y O O C Z O S G
A H E P I G J S F D S X T E
T R A S I G E L B E D G U O
D A R L L E N Y D D L I N F
```

AWDUR	TUDALEN
ANTUR	BARDDONIAETH
CASGLIAD	PERTHNASOL
CYD-DESTUN	NOFEL
DEUOLIAETH	YSGRIFENEDIG
EPIG	CYFRES
BUDDSODDI	STORI
LLENYDDOL	HANESYDDOL
DARLLENYDD	TRASIG
ADRODDWR	DONIOL

68 - Geografia

```
F  P  A  B  V  W  L  G  W  L  A  D  R  U
K  M  G  F  G  P  L  O  F  Z  S  U  S  C
H  K  U  N  O  L  E  R  D  I  N  A  S  H
I  E  F  E  Q  N  D  L  M  Y  N  Y  D  D
H  E  M  A  P  T  R  L  Ô  N  Y  T  G  E
E  V  L  I  X  A  E  E  R  B  N  I  H  R
C  R  L  S  S  Q  D  W  H  Y  D  R  E  D
Y  N  Y  S  W  F  W  I  N  D  W  I  O  K
F  I  C  F  N  I  F  N  U  A  H  O  V  N
A  T  L  A  S  V  B  E  V  I  H  G  I  V
N  G  O  G  L  E  D  D  R  Z  P  A  E  I
D  M  E  R  I  D  I  A  N  I  V  E  I  U
I  I  R  O  W  M  C  P  F  H  G  T  T  X
R  H  A  N  B  A  R  T  H  Y  V  H  Y  H
```

UCHDER	MÔR
ATLAS	MERIDIAN
DINAS	BYD
CYFANDIR	MYNYDD
HEMISFFER	GOGLEDD
AFON	GORLLEWIN
YNYS	GWLAD
LLEDRED	RHANBARTH
HYDRED	DE
MAP	TIRIOGAETH

69 - Cibo #1

```
G  P  M  L  M  B  B  H  I  S  M  W  I  L
E  C  Z  E  O  U  A  L  B  U  A  C  L  S
L  A  C  M  R  N  S  T  Q  D  I  L  B  F
L  L  A  O  O  I  I  I  H  D  P  W  A  P
Y  I  A  N  N  O  L  W  W  D  M  M  S  D
G  L  W  E  T  N  Z  N  L  V  Y  V  H  S
P  U  F  G  T  H  H  A  H  A  L  E  N  B
L  S  I  A  X  H  F  C  P  U  V  C  Y  I
C  I  G  R  S  A  X  Q  L  Y  G  A  S  G
T  U  M  L  S  I  N  A  M  O  N  C  Q  O
V  L  B  L  M  D  D  M  E  L  T  E  F  G
K  A  M  E  S  D  Q  P  F  U  R  N  C  L
W  X  B  G  C  N  X  E  U  N  M  U  H  Y
S  I  W  G  R  D  L  V  S  O  L  C  J  S
```

GARLLEG	BATHDY
BASIL	HAIDD
SINAMON	GELLYG
CIG	MAIP
MORON	HALEN
UNION	SBIGOGLYS
MEFUS	SUDD
SALAD	TIWNA
LLAETH	CACEN
LEMON	SIWGR

70 - Aeroplani

```
A  R  A  D  E  I  L  A  D  U  H  S  K  A
K  P  E  I  L  O  T  A  N  T  U  R  D  W
T  E  A  S  C  R  I  W  P  Q  W  V  Y  Y
E  T  Q  G  H  Y  D  R  O  G  E  N  L  R
B  E  A  Y  L  G  F  X  A  G  V  P  U  G
D  I  K  N  I  L  T  E  T  W  L  E  N  Y
C  T  O  I  G  L  A  N  I  O  Y  I  I  L
Q  H  B  A  L  Ŵ  N  X  C  R  W  R  O  C
E  W  W  D  K  P  W  G  Y  O  I  I  B  H
P  Y  P  Y  B  Q  Y  N  N  D  O  A  B  A
W  R  Q  V  D  G  D  L  N  M  R  N  D  N
F  V  W  S  U  D  D  R  W  V  D  T  H  E
Y  O  C  R  Y  N  O  Z  R  S  Z  L  W  S
G  M  U  C  H  D  E  R  F  P  A  H  O  H
```

UCHDER	CRIW
AWYRGYLCH	CHWYDDO
GLANIO	HYDROGEN
ANTUR	PEIRIANT
TANWYDD	LYWIO
AWYR	BALŴN
ADEILADU	TEITHWYR
DYLUNIO	PEILOT
CYFEIRIAD	HANES
DISGYNIAD	CYNNWRF

71 - Pirati

```
T O L R D D M X E O D C B A
E U R A Z A M A P D R W G N
F O X E V R O U N E R M V T
J F G Q L N K R F X H P M U
I P V O P A R O T K Z A Q R
B Y X T F U O C C R I W T K
H G N R T A D Q B D A D C C
P M U Y T R D C A P T E N Y
V G N S S I X B N Z K E T C
A N G O R A I P E R Y G L H
F V P R J N R C R A I T H W
H K V U C L E D D Y F E E E
P M N E E A D B R U M Q N D
E Q M M X P T X P H G I K L
```

ANGOR	CHWEDL
ANTUR	MAP
BANER	DARNAU ARIAN
CWMPAWD	AUR
CAPTEN	PAROT
DRWG	PERYGL
CRAITH	RUM
CRIW	CLEDDYF
OGOF	TRAETH
YNYS	TRYSOR

72 - Colori

```
Q J M S L G G M C X K E O Y
L H X X L R W L S W Z B P Q
L T S R W R E Y A S U R K G
P U T P Y E O G R S M O B I
A Y L O D U Q E X D Y W J H
Z Q U R F S E P I A D N K T
G P N F E D Y F W Y R L Y D
L W P F L M A G E N T A A I
L I Y O Y W H S V X S M G S
W N E R N A S F X D F E W A
Y D Q F D A G D S Z Y L Y W
D I T W L D X C O C H Y N Y
L G L A O Q U W G P I N C G
C O R E N V P B T F O E L G
```

OREN
ASUR
LLWYDFELYN
GWYN
GLAS
GWYRDDLAS
DYFWYR
MELYN
LLWYD

INDIGO
MAGENTA
BROWN
DU
PINC
COCH
SEPIA
GWYRDD
PORFFOR

73 - Spiaggia

```
A  H  N  J  K  O  T  D  S  E  C  W  C  H
L  R  M  C  N  H  Q  G  R  Q  W  T  E  Z
S  N  F  N  J  P  Y  F  J  B  C  Q  F  E
O  A  I  O  E  H  W  H  D  M  H  D  N  D
O  E  N  G  R  C  L  P  G  T  H  T  F  P
Z  Y  O  D  K  D  Q  W  L  G  W  G  O  F
P  T  F  G  A  L  I  I  A  R  Y  U  R  U
G  Q  I  Ŵ  Y  L  A  R  S  F  L  N  T  V
C  C  O  Y  Z  L  A  C  K  T  I  N  Y  I
H  A  U  L  C  G  A  U  Y  Y  O  H  W  S
Q  Y  H  K  W  H  G  N  N  W  D  K  O  H
Y  M  Y  C  M  Ô  R  O  R  E  J  U  D  B
C  R  A  N  C  C  J  Z  D  L  F  T  Y  L
D  O  C  Y  M  B  A  R  É  L  H  T  H  B
```

TYWEL	MÔR
CWCH	I NOFIO
CWCH HWYLIO	CEFNFOR
GLAS	YMBARÉL
ARFORDIR	TYWOD
DOC	SANDALAU
CRANC	HAUL
YNYS	GŴYL

74 - Avventura

```
L  P  G  W  I  B  D  A  I  T  H  N  M  B
L  E  T  W  N  C  Y  R  C  H  F  A  N  R
A  R  E  D  E  W  R  D  E  R  L  T  A  W
W  Y  I  L  W  I  F  J  T  L  Q  U  M  D
E  G  T  O  Y  S  T  P  S  G  S  R  S  F
N  L  H  O  D  A  N  H  A  W  S  T  E  R
Y  U  I  Y  D  J  F  A  G  X  L  E  R  Y
D  S  O  P  F  D  A  M  W  A  L  K  L  D
D  P  H  A  R  D  D  W  C  H  R  R  E  E
R  N  E  R  K  X  J  K  Y  X  B  E  N  D
D  M  R  A  R  R  E  Q  F  B  C  R  D  D
B  M  I  T  D  L  G  L  L  Y  W  I  O  D
R  V  A  O  D  I  O  G  E  L  W  C  H  Y
J  E  U  I  R  A  N  A  R  F  E  R  O  L
```

GWEITHGAREDD	NATUR
HARDDWCH	LLYWIO
DEWRDER	NEWYDD
CYRCHFAN	CYFLE
ANHAWSTER	PERYGLUS
BRWDFRYDEDD	PARATOI
GWIBDAITH	HERIAU
LLAWENYDD	DIOGELWCH
ANARFEROL	TEITHIO
AMSERLEN	

75 - Forme

```
S N C S K O T O C P N P F P
P O L Y G O N C O Y D K E R
E C T M L W O H R R J I G I
Z S X Y L C Â R N A R C J S
O A J L O W H R E M C Ô N M
M L K O C M Y I L I M B Z E
V A M N F D P M R D F G I L
G N X Q P J E C Z G H L L I
Z B T P E T R Y A L R Y L P
R V O G K G B C I W B W I S
U F V T R I O N G L Y P N J
J M S G S I L I N D R R E K
K M H R X A A X F Y F D L W
G R O M L I N Q T X X A L U
```

CORNEL
ARC
YMYLON
CYLCH
SILINDR
CÔN
CIWB
GROMLIN
ELIPS
HYPERBOLA

OCHR
LLINELL
HIRGRWN
PYRAMID
POLYGON
PRISM
SGWÂR
PETRYAL
TRIONGL

76 - Oceano

```
N O D D I L L A N W I T C W
I I X J H A L E N Y X C R Y
B S U Z R L P Y S G O D A S
I S A Y B G V I S C R D N T
W Z V E O Â F X T Y W K C R
T O N N A U K J O C W R H Y
B E R D Y S C E R P C O E S
S G L E F R O D M Ô R O D L
S A K U V T M X O D W C O M
K I J L Y I W C R V B T L C
H Z A X X W W W F H A O F K
Q B A R O N J C I C N P F P
C W N A C A F H L T J W I S
T B M P Y E H H I Q J S N Y
```

ALGÂU
LLYSYWOD
MORFIL
CWCH
CWREL
DOLFFIN
BERDYS
CRANC
LLANW
SGLEFROD MÔR

TONNAU
WYSTRYS
PYSGOD
OCTOPWS
HALEN
NODDI
SIARC
CRWBAN
STORM
TIWNA

77 - Famiglia

```
M G P N A I N D J E T P J M
O Y L L Y O C S K F A L F E
D F E T A D O L I E I E A R
R X N M E N C R C I D N M C
Y W T C A N T C H L W T J H
B J Y U E M F X W L I Y H H
B Z N K O F A N A I J N C Y
N P D E Z X N U E A E D U N
S I F X J J O D R I W O A A
G W R A I G P S E D Y D D F
H I L Q I B S W A R T A D I
H Z F C T O N H S T H T I A
G Ŵ R X J O B S B N R Z L D
V G F M C Q W X B R A W D U
```

HYNAFIAD	MAMAU
PLANT	GWRAIG
PLENTYN	NAI
CEFNDER	NAIN
MERCH	TAID
BRAWD	TAD
EFEILLIAID	TADOL
PLENTYNDOD	CHWAER
FAM	MODRYB
GŴR	EWYTHR

78 - Veicoli

```
H  C  G  P  H  N  P  A  M  I  L  O  R  I
O  F  A  W  Y  R  E  N  O  I  L  S  N  A
F  Q  M  R  S  F  Z  U  D  U  O  G  T  J
R  H  B  B  A  B  V  M  U  X  N  W  R  V
E  T  I  R  E  F  F  E  R  I  G  T  A  D
N  I  W  T  L  I  A  Q  E  J  D  E  C  I
N  R  L  L  U  I  C  N  T  G  A  R  T  S
Y  I  A  P  I  M  A  C  A  B  N  U  O  F
D  O  N  N  H  C  X  U  C  W  F  A  R  F
D  N  S  C  W  H  T  A  S  O  J  H  O
R  O  C  E  D  M  J  A  R  T  R  Y  B  R
I  G  M  J  H  S  S  C  E  O  R  B  G  D
P  I  N  D  K  Q  W  S  S  L  Z  Ê  T  D
S  D  D  I  O  W  A  I  H  A  T  C  N  Y
```

AWYREN	MODUR
AMBIWLANS	TIRION
CAR	ROCED
BWS	SGWTER
CWCH	LLONG DANFOR
BEIC	TACSI
LORI	FFERI
CARAFAN	TRACTOR
HOFRENNYDD	TRÊN
ISFFORDD	LLU

79 - Emozioni

```
C B Z D D J Y W Y N F Y D L
A D S K I C Y N N W Y S I L
R F A O C F V U E S J Y O O
E J Q W T E L P Z N S D L N
D G O H E N K A S N Y H C Y
I O Q D R L T N S F N H H D
G L F N G N B T R T D A G D
R F R R V M H Y H Y O M A W
W O L L A W E N Y D D D R C
Y D F O X U D E D I V D G H
D L W N K O D R D B A E O Q
D O M M Z L W W H D X N B T
R N X C H L C C A R U O P R
J W P P O A H H D T F L W E
```

CARU	OFN
WYNFYD	DICTER
DAWEL	HAMDDENOL
CYNNWYS	RHYDDHAD
CAREDIGRWYDD	FODLON
LLAWENYDD	SYNDOD
DIOLCHGAR	TYNERWCH
DIFLASTOD	LLONYDDWCH
HEDDWCH	

80 - Natura

```
H D U Y R B C G W E N Y N C
T A W E L K L O G N D M C Y
R I G C J N O T E W C E B S
O L E M F D G H R D Y O W E
F H A R D D W C H E W L G G
A Z M P S M Y Y E R T I L R
N G P N H N N M W R X O G T
N I W L Q M I Y L I A F O N
O A N I F E I L I A I D A W
L L O V R E S A F T V I R K
Y B H O K P Q U Q E C T C P
M Y N Y D D O E D D N L T X
K E Q P K M P D Y N A M I G
F G N S A N I A L W C H G Z
```

ANIFEILIAID
GWENYN
ARCTIG
HARDDWCH
ANIALWCH
DYNAMIG
AFON
DAIL
COEDWIG

RHEWLIF
MYNYDDOEDD
NIWL
CYMYLAU
CYSEGR
CLOGWYNI
GWYLLT
TAWEL
TROFANNOL

81 - Balletto

```
D Y N R O H N A B G D A K G
T W S N M X F R F O A R C Y
E M Y T G L L D G S W T R N
C Y A S U F H D C G N I P U
H N G P E M D U O E S S C L
N E O N Q D W L R I W T E L
E G O X Y K D L E D Y I R E
G I T X J J C B O D R G D I
U A Y I V U Y K G I T G D D
M N R H Y T H M R G K W O F
O N A U B H Y M A R F E R A
Q O Y W W K R E F Z R R F V
K L Z E D E A F F K G S A T
O D H M M A U J I E F I U X
```

ARTISTIG
UNAWD
DAWNSWYR
COREOGRAFFI
MYNEGIANNOL
YSTUM
GOSGEIDDIG
DWYSEDD

GWERSI
CYHYRAU
CERDDORFA
YMARFER
GYNULLEIDFA
RHYTHM
ARDDULL
TECHNEG

82 - Castelli

```
N C G W L U N I C O R N E Q
N L V F D Y N E S N V S Y U
M E S F F D Y G U F M E X H
A D C Y M E R O D R A E T H
R D W A L B C A T A P U L T
C Y D T A O T C I P M U I T
H F E Y R N W K H G A E R Y
O C Y W F H R T R G J L Y W
G E R Y W E W N A O J M A Y
I F N S I D H H L R P V N S
T F A O S D J C R O I B A O
S Y S G G I P R E N J A H G
H L N R E G S L Q B W M N E
T R J N K F F I W D A L J S
```

ARFWISG	BONHEDDIG
CATAPULT	PALAS
MARCHOG	WAL
CEFFYL	TYWYSOG
GORON	TYWYSOGES
DYNES	DEYRNAS
DDRAIG	TARIAN
FFIWDAL	CLEDDYF
GAER	TWR
YMERODRAETH	UNICORN

83 - Foresta Pluviale

```
M Y H L C M B Z A H W A N M
V L T L Y R C I M I N M A K
B M G O N H A G F N X R T A
C W W C H C D W F S C Y U F
B S E H E Y W C I A Y W R T
S O R E N V R S B W M I Z B
G G T S I P A U I D U A A G
O L H A D F E R A D N E D E
R E F G N E T L I K E T A X
O B A E M E H M D E D H R O
E T W J T F G C Y M Y L A U
S P R Y F E D O P A R C H U
I G J Y N G L G L G S N I R
M A M A L I A I D B P F N M
```

AMFFIBIAID
BOTANEGOL
HINSAWDD
CYMUNED
AMRYWIAETH
JYNGL
CYNHENID
PRYFED
MAMALIAID
MWSOGL

NATUR
CYMYLAU
CADWRAETH
GWERTHFAWR
ADFER
LLOCHES
PARCH
GOROESI
ADAR

84 - Edifici

```
T P A M G U E D D F A V L S
E A Q L H Y A R S Y L L F A
G B L A T S A Y M C S C W K
Y E O B Z B R Y H K X W B O
Y L D O P Y C A S T E L L C
S L V R R T H O S T E L D I
G I U D H Y F Y F C A B A N
U S N Y B B A F S F G F X E
B T H E A T R F B G E Y E A
O A Z H M U C L E X O R A I
R D G D V A H A I U D L M S
E I J D Z H N T G W E S T Y
I W H S F F A T R I Q A W D
E M Y I I D D L L B X Q R C
```

FFLAT

CABAN

CASTELL

SINEMA

FFATRI

FFERM

YSGUBOR

GWESTY

LABORDY

AMGUEDDFA

YSBYTY

ARSYLLFA

HOSTEL

YSGOL

STADIWM

ARCHFARCHNAD

THEATR

PABELL

TWR

85 - Paesi #2

```
G  X  K  V  V  N  D  T  R  S  S  W  U  J
I  S  R  V  M  S  S  O  E  G  Y  C  G  A
M  T  F  W  H  C  L  A  O  S  R  R  A  M
G  M  E  C  S  I  C  O  L  J  I  Á  N  A
E  W  U  F  G  I  B  L  I  B  A  I  D  I
T  P  L  N  E  P  A  L  B  W  A  N  A  C
H  A  J  A  L  C  D  U  E  U  A  N  T  A
I  K  J  H  D  G  L  Z  R  I  X  D  I  N
O  I  A  A  V  G  C  N  I  G  E  R  I  A
P  S  P  I  S  I  R  T  A  S  U  D  A  N
I  T  A  T  E  U  A  O  Z  L  N  Y  W  S
A  A  N  I  W  D  L  D  E  N  M  A  R  C
I  N  D  O  N  E  S  I  A  G  K  D  A  J
C  T  Q  B  I  W  E  R  D  D  O  N  Y  Z
```

ALBANIA	LIBERIA
DENMARC	MECSICO
ETHIOPIA	NEPAL
JAMAICA	NIGERIA
JAPAN	PAKISTAN
GWLAD GROEG	RWSIA
HAITI	SYRIA
INDONESIA	SUDAN
IWERDDON	WCRÁIN
LAOS	UGANDA

86 - Tipi di Capelli

```
P  C  B  U  B  W  Z  C  S  B  L  O  N  D
L  M  L  M  E  I  N  H  M  Y  G  L  S  Z
E  E  E  C  V  Q  L  B  J  Z  C  F  Y  C
T  D  T  Y  P  H  L  L  W  Y  D  H  P  F
H  D  H  Y  L  S  Y  M  H  E  C  F  Z  M
E  A  I  B  S  T  F  Z  V  W  C  T  Z  L
D  L  U  W  Q  R  N  C  I  A  C  H  C  L
I  G  J  R  M  W  W  U  S  M  F  M  Q  I
G  R  Y  U  H  C  Y  R  L  I  O  G  Q  W
I  C  A  R  C  H  Z  L  W  R  T  E  G  F
A  R  I  A  N  U  I  S  V  G  E  F  L  S
V  A  B  U  D  S  B  R  O  W  N  O  B  B
Z  L  C  A  U  O  W  I  V  Y  A  Y  P  Y
L  Z  S  Q  A  S  O  P  D  N  U  U  K  R
```

ARIAN	HIR
SYCH	BROWN
GWYN	MEDDAL
BLOND	DU
BYR	CYRLIOG
MOEL	CURLS
LLIW	IACH
LLWYD	TENAU
PLETHEDIG	TRWCHUS
LLYFN	BLETHI

87 - Vestiti

```
J  G  C  F  B  H  F  N  Q  N  P  L  B  Y
E  L  A  D  N  A  B  O  D  O  F  P  B  R
D  J  O  Z  R  C  P  P  J  J  Q  Y  R  F
Q  C  H  W  Y  S  W  R  X  Z  J  J  E  O
B  R  N  V  I  G  C  C  S  G  E  Q  I  I
P  Y  J  A  M  A  S  G  E  R  T  P  C  N
A  S  Î  C  E  R  I  A  W  Q  G  S  H  F
N  R  N  R  N  F  A  M  N  C  X  B  L  K
T  K  S  R  I  F  C  J  V  D  Ô  U  E  T
S  M  Q  K  G  Z  E  E  G  N  A  T  D  S
B  L  O  W  S  B  D  S  T  W  L  L  J  L
N  Z  B  G  W  R  E  G  Y  S  I  H  A  T
F  F  A  S  I  W  N  I  Z  C  G  S  X  U
H  E  T  F  F  F  E  D  O  G  S  N  G  S
```

GWISG	FFEDOG
BREICHLED	MENIG
BLOWS	JÎNS
CRYS	CHWYSWR
HET	FFASIWN
CÔT	PANTS
GWREGYS	PYJAMAS
ADNABOD	SANDALAU
SIACED	ESGID
SGERT	SGARFF

88 - Attività e Tempo Libero

```
W  S  U  J  X  M  F  K  N  J  M  Y  Y  P
O  P  Y  S  G  O  T  A  U  J  P  Q  Z  Ê
T  K  Y  R  G  A  X  X  J  S  Ê  F  J  L
D  E  K  M  F  B  O  F  G  O  L  F  F  F
E  C  N  M  A  F  I  A  A  K  F  O  G  O
I  E  Z  I  X  A  I  Y  R  Y  A  Y  W  L
F  L  P  Q  S  X  H  O  D  M  S  J  E  I
I  F  S  I  O  P  A  E  D  L  G  O  R  A
O  M  P  Ê  L  F  A  S  I  A  E  P  S  O
Y  M  N  O  F  I  O  H  O  C  D  A  Y  B
B  O  C  S  I  O  V  L  Z  I  I  O  L  V
T  E  I  T  H  I  O  E  I  O  K  O  L  K
K  L  L  N  Z  A  J  U  Q  X  Y  E  A  I
F  O  H  U  V  G  V  I  G  W  J  C  K  A
```

CELF
PÊL FAS
PÊL-FASGED
BOCSIO
GWERSYLLA
HEICIO
GARDDIO
GOLFF
DEIFIO

NOFIO
PÊL-FOLI
PYSGOTA
YMLACIO
SIOPA
SYRFFIO
TENIS
TEITHIO

89 - Tecnologia

```
G C F M F M S M K T M C X R
B Y T E S F L G P F W Y Q H
D R Y D K S E B R M Y F R I
I C S D F C D I L I J R I T
O H T A N F R C L X N I D H
G W A L F Y O L A V E F D W
E R D W B C X N W D G I I I
L L E E C S Y P T A E A G R
W I G D C A M E R A S D I B
C H A D V O C R O Z C U D L
H O U D W F H O S J U R O O
R H Y N G R W Y D A T A L G
P P M J D I I Q Q P O R W R
I J J L W K L V Z B O G Y R
```

BLOG
PORWR
BYTES
CYFRIFIADUR
CYRCHWR
DATA
DIGIDOL
FFEIL
FFONT

RHYNGRWYD
NEGES
YMCHWIL
SGRIN
DIOGELWCH
MEDDALWEDD
YSTADEGAU
CAMERA
RHITHWIR

90 - Arte

```
E  M  Q  B  S  K  M  X  M  R  C  C  P  X
P  F  J  A  Z  Y  O  X  Q  B  Y  E  A  C
E  Q  J  R  N  C  M  F  L  V  F  R  E  I
R  K  W  D  Z  C  R  L  S  O  A  A  N  B
S  P  D  D  B  E  T  E  X  P  N  M  T  Y
O  S  W  O  Q  R  V  S  U  O  S  I  I  S
N  Y  X  N  F  F  I  G  U  R  O  G  A  B
O  M  Z  I  C  L  A  E  I  T  D  M  D  R
L  B  K  A  W  U  B  J  U  R  D  M  A  Y
L  O  M  E  M  N  H  N  W  E  I  O  U  D
M  L  O  T  V  C  J  T  N  A  A  W  A  O
T  B  K  H  G  W  R  E  I  D  D  I  O  L
H  W  Y  L  I  A  U  W  Q  U  Y  N  K  I
O  N  E  S  T  C  Y  M  H  L  E  T  H  O
```

CERAMIG	PERSONOL
CYMHLETH	BARDDONIAETH
CYFANSODDIAD	PORTREADU
CREU	CERFLUN
PAENTIADAU	SYML
FFIGUR	SYMBOL
YSBRYDOLI	PWNC
ONEST	HWYLIAU
GWREIDDIOL	

91 - Meteo

```
C A P M Y T Y X S B J U E C
O W O V I G G G S T C O Q W
R Y L B N I W L Y M O Z U M
W R A I N S Y O C O V R E W
Y G R Â J O N S H N J M M L
N Y Y B M A T K D S C V Y X
T L G B U A C K E Ŵ K M G C
N C M K O K L G R N L X Y A
E H E M I Y V E O S F H N W
Q T L T O R N A D O Y Y G Y
O S L H I N S A W D D C S R
Z Z T A R A N A U X W I H H
I A S N T R O F A N N O L K
T Y M H E R E D D R A W E L
```

ENFYS	CWMWL
SYCH	POLAR
AWYRGYLCH	SYCHDER
AWEL	TYMHEREDD
AWYR	STORM
HINSAWDD	TORNADO
MELLT	TROFANNOL
IÂ	TARANAU
MONSŴN	CORWYNT
NIWL	GWYNT

92 - Corpo Umano

```
T  Y  Y  B  Y  S  E  Y  K  P  T  L  L  T
P  R  M  S  B  X  A  C  O  E  S  L  L  G
U  Z  W  E  G  A  H  K  O  N  G  Y  A  K
J  B  Y  Y  N  W  K  G  Q  E  W  G  W  G
P  S  N  I  N  N  Y  I  M  L  D  A  F  E
B  P  E  N  I  C  Y  D  X  I  D  D  F  G
W  I  B  S  S  M  R  D  D  N  F  A  Ê  N
C  R  O  E  N  X  G  T  D  S  E  N  R  B
K  G  L  H  N  U  A  I  A  Z  G  Y  D  O
M  A  A  G  G  H  V  P  Q  G  T  F  Q  J
K  L  D  S  N  W  P  O  N  W  O  W  U  R
Z  O  P  E  N  G  L  I  N  A  K  T  J  S
U  N  E  I  Z  G  K  Q  H  E  X  X  T  O
R  C  L  U  S  T  C  H  W  D  R  Q  A  K
```

GEG
FFÊR
YMENNYDD
GWDDF
GALON
BYS
WYNEB
COES
PEN-GLIN
PENELIN

LLAW
ÊN
TRWYN
LLYGAD
CLUST
CROEN
GWAED
YSGWYDD
BOLA
PEN

93 - Mammiferi

```
V  N  S  Z  A  M  V  C  B  J  B  P  Z  O
V  C  P  D  C  B  E  E  J  L  U  E  Z  I
Z  G  R  D  O  L  F  F  I  N  A  L  M  G
G  C  O  Y  O  T  E  F  R  L  R  I  B  Z
S  E  B  R  A  T  F  Y  A  L  T  F  D  G
M  O  R  F  I  L  A  L  F  E  H  F  E  D
W  X  A  P  M  L  Y  R  F  W  M  A  F  X
N  D  E  B  B  W  A  B  W  Q  B  N  A  L
C  G  J  F  U  Y  F  Z  Z  B  M  T  I  K
I  O  E  K  A  N  G  A  R  O  O  Y  D  A
C  A  T  H  M  O  H  V  T  O  I  Y  R  Z
D  X  N  L  G  G  X  H  S  I  M  E  V  E
T  D  G  C  W  N  I  N  G  E  N  E  J  M
H  O  B  I  C  E  I  R  W  Y  L  W  U  M
```

MORFIL	JIRAFF
CI	GORILA
KANGAROO	LLEW
CEFFYL	BLAIDD
CEIRW	ARTH
CWNINGEN	DEFAID
COYOTE	MWNCI
DOLFFIN	TARW
ELIFFANT	LLWYNOG
CATH	SEBRA

94 - Arrampicata

```
C H W I L F R Y D E D D O H
O G O F C O R F F O R O L Y
D Z C C R U M A P Q G O E F
N J R R P E L O M V H M N F
S E F Y D L O G R W Y D D O
A U F F X G W D T O E H R
J C H D M T I R E P X S E D
T H E E R W D V G V U G I D
Y D R R L M E N I G C I C I
E E I V D M S X J T Q D I A
A R A W Y R G Y L C H I O N
X N U X S E B E L H C A X T
V C A N L L A W I A U U H I
X F J F A R B E N I G W R Z
```

UCHDER
AWYRGYLCH
HELM
CHWILFRYDEDD
HEICIO
ARBENIGWR
CORFFOROL
HYFFORDDIANT
CRYFDER
OGOF

MENIG
CANLLAWIAU
ANAF
MAP
HERIAU
SEFYDLOGRWYDD
ESGIDIAU
CUL
TIR

95 - Animali Domestici

```
L  P  A  R  O  T  G  E  C  C  I  C  M  C
W  L  H  T  O  P  M  D  R  O  H  R  A  Ŵ
S  C  Y  N  F  F  O  N  A  L  T  W  D  N
K  C  N  G  A  F  R  S  F  E  M  B  F  B
G  B  E  U  O  D  V  N  A  R  S  A  A  A
K  T  Y  S  T  D  E  N  N  Y  N  N  L  C
J  H  A  M  S  T  E  R  G  Y  T  H  L  H
U  B  U  W  C  H  Y  N  A  Z  Y  H  B  B
P  W  Q  I  K  N  A  X  U  S  W  G  I  G
B  Y  M  I  L  F  E  D  D  Y  G  M  O  P
E  D  S  Y  K  R  C  R  T  I  D  Z  G  O
J  H  L  G  I  Q  G  D  X  H  I  G  E  G
Q  S  D  G  O  C  W  N  I  N  G  E  N  K
C  A  T  H  O  D  Ŵ  R  N  F  J  R  F  M
```

DŴR	CATH
CRAFANGAU	DENNYN
CI	MADFALL
GAFR	BUWCH
BWYD	PAROT
CYNFFON	PYSGOD
COLER	CRWBAN
CWNINGEN	LLYGODEN
HAMSTER	MILFEDDYG
CŴN BACH	

96 - Cucina

```
R F V R L T R M Y R M W T N
A H A J L I K F G Y L N Y M
F C E J A J M J H S G K G D
N M C W P A N A U Á L R A M
O A P G G J A R E I G E I I
D L Q F S E C Y R T Q N P L
D O P F B H L L E T W A D V
I E Z Y E O L L F F E D O G
F R B R I K W T E G E L L P
W G B C S C Y L L Y L L U K
N E W X Y N A P C Y N R N Z
B L Y C S H U U P O P T Y N
X L D C H O P S T I C K S J
Y F A W B G K N B R M T Q D
```

CHOPSTICKS	OERGELL
TEGELL	FFEDOG
JWG	GRIL
BWYD	LLETWAD
BOWL	RYSÁIT
CYLLYLL	SBEISYS
RHEWGELL	NODDI
LLWYAU	CWPANAU
FFYRC	NAPCYN
POPTY	JAR

97 - Vacanze #2

```
Z  D  A  V  H  L  L  U  N  I  A  U  E  G
T  A  C  S  I  G  Z  A  J  N  A  C  S  W
J  A  K  A  M  W  A  A  B  C  P  I  T  Y
M  O  I  G  W  E  R  S  Y  L  L  A  R  L
Ô  A  P  T  S  S  A  G  U  U  I  V  O  I
R  B  E  A  H  T  H  A  M  D  D  E  N  A
V  W  Z  S  S  Y  I  G  F  I  S  A  T  U
P  A  D  O  A  B  G  M  F  A  V  F  R  Z
A  G  P  E  Q  W  O  B  Y  N  Y  S  Ê  A
B  W  P  J  Z  Y  Y  R  M  T  D  P  N  U
E  W  A  Y  E  T  V  R  T  R  A  E  T  H
L  M  Z  U  C  Y  R  C  H  F  A  N  R  S
L  J  U  Z  K  H  P  H  P  U  P  M  A  P
D  F  J  Q  Y  P  P  R  I  G  U  O  F  P
```

MAES AWYR	TRAETH
GWERSYLLA	ESTRON
CYRCHFAN	TACSI
LLUNIAU	HAMDDEN
GWESTY	PABELL
YNYS	CLUDIANT
MAP	TRÊN
MÔR	GWYLIAU
PASBORT	TAITH
BWYTY	FISA

98 - Attività

```
V E K F U H E I C I O H Y Q
W P K P L E S E R D P A M G
M X L I B R Q V E A Y M L I
C E R A M E G P F W S D A D
U G A R D D I O F N G D C I
F G W Y N Y U S T S O E I D
P W F N Y P R A A I T N O D
H E L A Ï K Q U U O A A T O
U R L R G O J H I A Q C N R
D S G W E I T H G A R E D D
G Y L W M J U L A W E L Y E
G L N D A R L L E N E F N B
F L C C U U Z J A N G U T A
B A U A O C Y F X J Q Z S U
```

CELF
CREFFTAU
GWEITHGAREDD
HELA
GWERSYLLA
CERAMEG
GWNÏO
DAWNSIO
HEICIO
GARDDIO

GEMAU
DIDDORDEBAU
DARLLEN
HUD
GWAU
PYSGOTA
PLESER
POSAU
YMLACIO
HAMDDEN

99 - Forniture Artistiche

```
C  S  T  P  A  E  N  T  G  P  Y  A  N  E
T  A  B  L  E  O  L  E  W  A  C  C  D  H
U  C  D  Ŵ  R  N  A  U  M  P  A  R  A  X
B  E  R  E  O  D  S  D  B  U  M  Y  D  A
C  L  Z  E  I  P  X  I  W  R  E  L  J  M
K  W  D  O  A  R  Y  R  L  B  R  I  A  S
Y  K  H  G  L  D  Y  A  H  I  A  G  O  Y
H  V  A  C  L  V  I  D  N  Y  A  L  C  N
R  H  W  B  I  W  R  G  D  V  U  U  L  I
U  Y  D  I  W  I  P  U  R  L  Z  D  A  A
R  R  D  R  I  E  S  M  T  W  U  Y  I  D
C  D  F  Y  A  J  L  P  E  W  Y  Q  H  A
V  H  Y  X  U  I  N  C  L  C  F  D  R  U
C  Z  D  M  R  F  T  X  L  U  B  Z  D  E
```

DŴR
ACRYLIG
CLAI
PAPUR
HAWDDFYD
GLUD
LLIWIAU
CREADIGRWYDD
RHWBIWR

SYNIADAU
INC
PENSILIAU
OLEW
CADEIRYDD
TABL
CAMERA
PAENT

100 - Misurazioni

```
T G S S Q G R A D D W X H E
M E S U R Y D D T K L S Y Q
C I L O G R A M U N U D D X
A B E I T D Y F N D E R U K
D P X L L B X C N L N N C A
A E M C J Z T Y E N E G H T
D I G Y A U W F L I T R D H
E N A O M N J R L E U D E T
K T F W L O O O R L L Z R N
E Q B N E F D L Y I L G E A
P W Y S A U T F F J E R Z A
D S N M K A Q H E A D A D M
Z S G D E S V U C D N M À S
A G V H Y H K H Z I D K E G
```

UCHDER	MÀS
BEIT	MESURYDD
CANOLFAN	MUNUD
CILOGRAM	OWNS
DEGOL	PWYSAU
GRADD	PEINT
GRAM	MODFEDD
LLED	DYFNDER
LITR	TUNNELL
HYD	CYFROL

1 - Scacchi

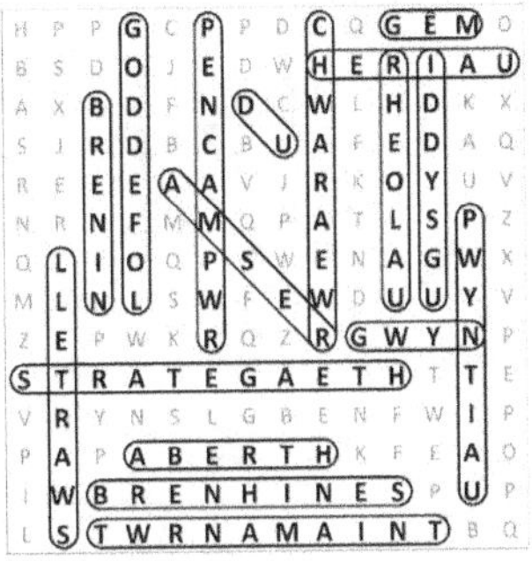

2 - Aggettivi #2

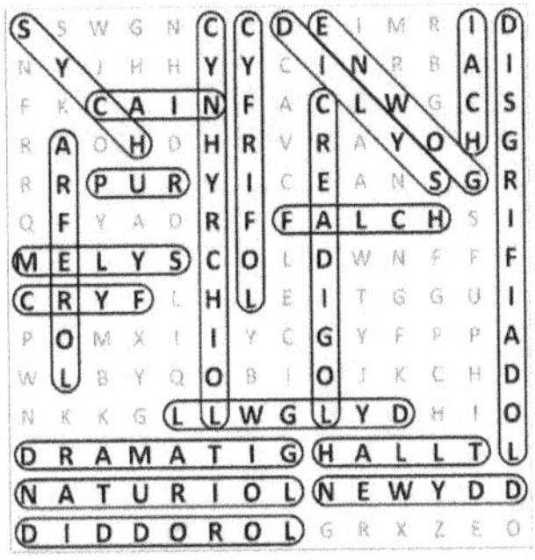

3 - Pesca

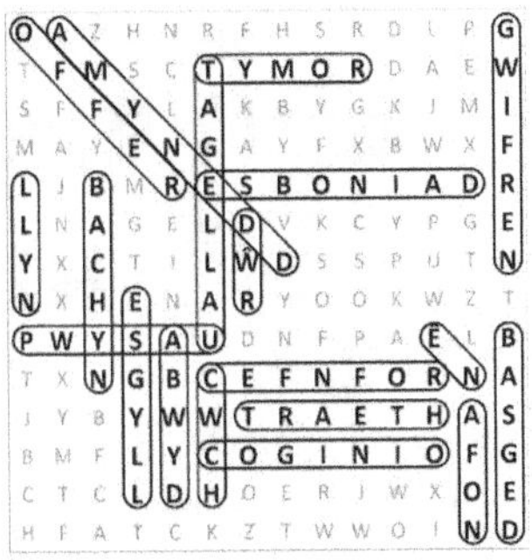

4 - Aggettivi #1

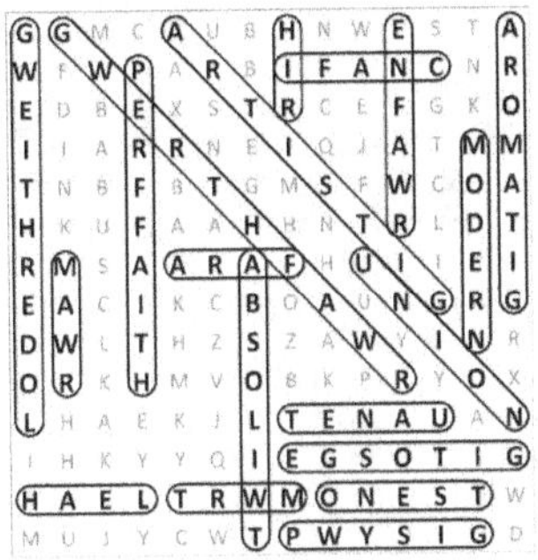

5 - Geologia

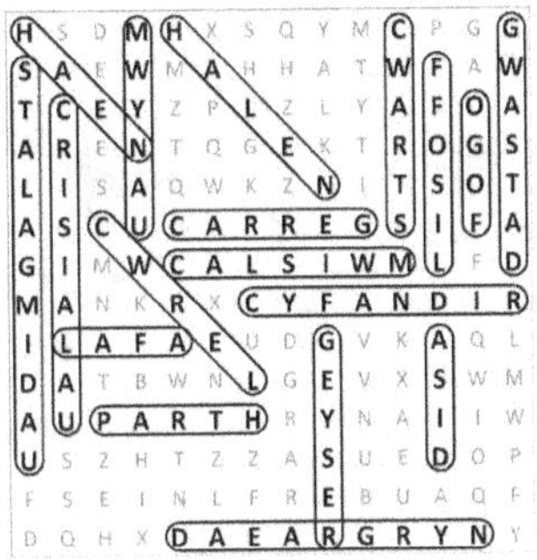

6 - Campeggio

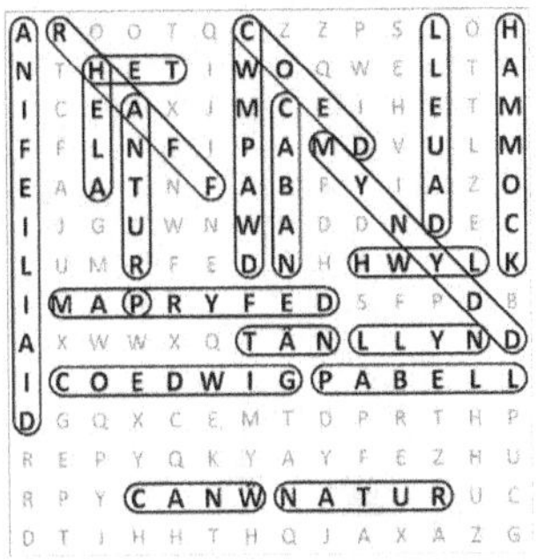

7 - Arti Visive

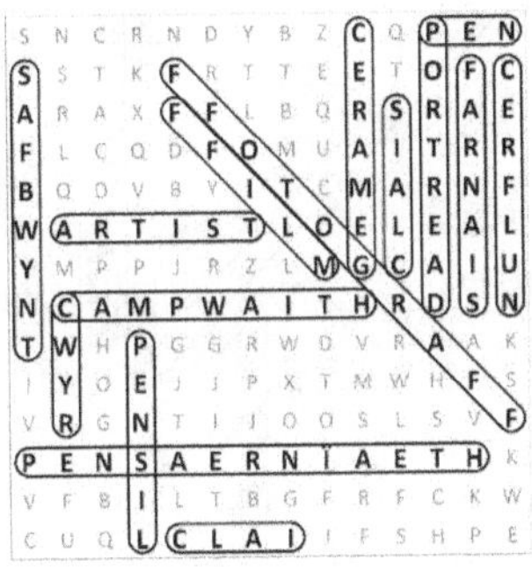

8 - Esplorazione

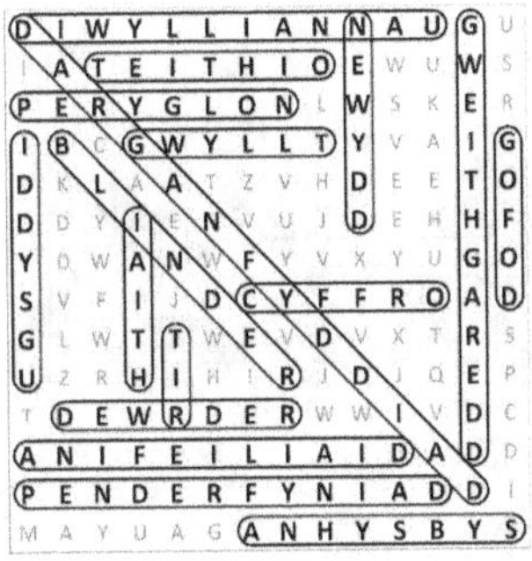

9 - Tempo

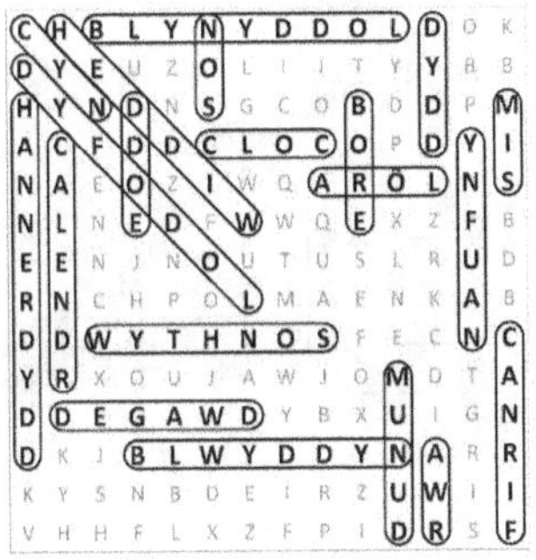

10 - Astronomia

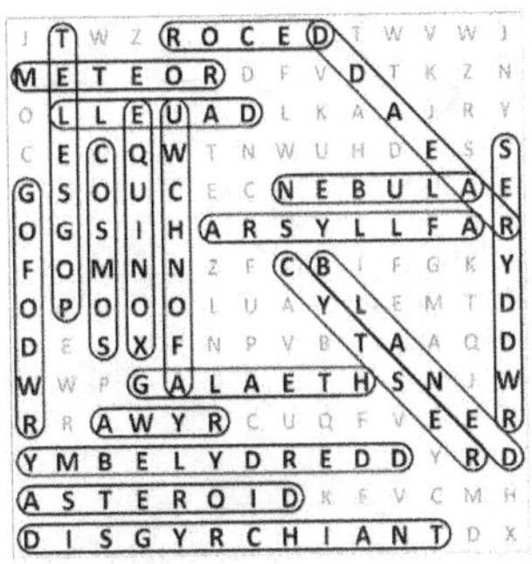

11 - Circo

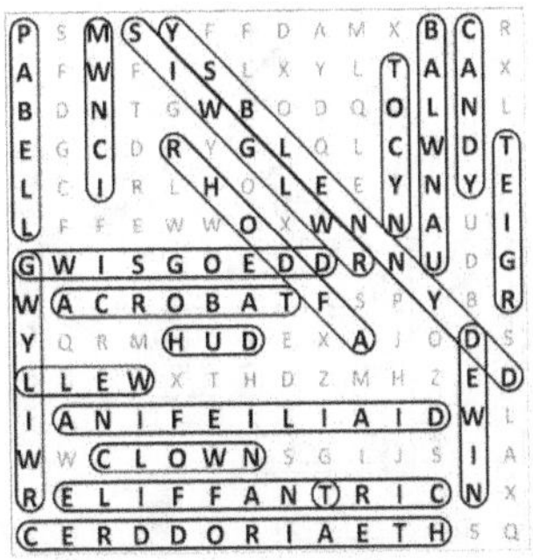

12 - Mitologia

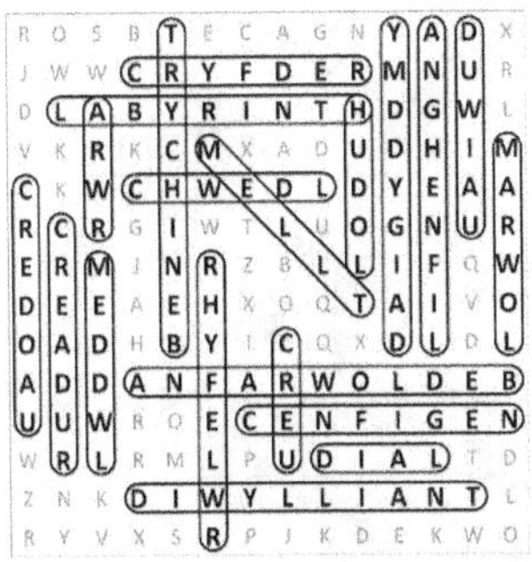

13 - Piante

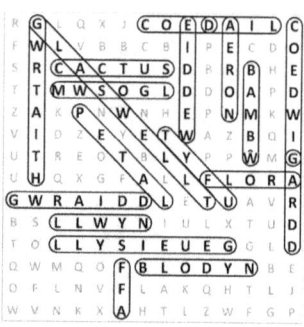

14 - Spezie

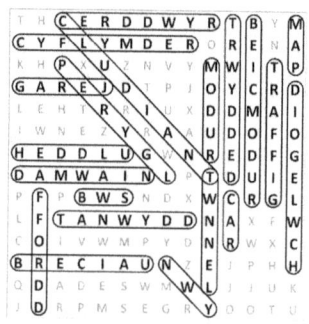

15 - Numeri

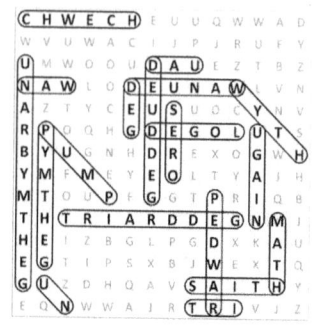

16 - Cioccolato

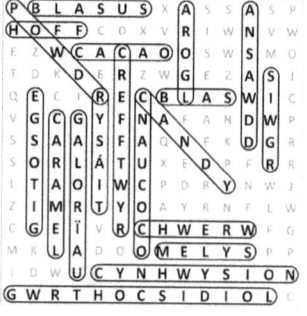

17 - Guida

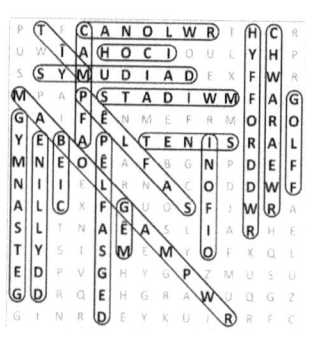

18 - Sport

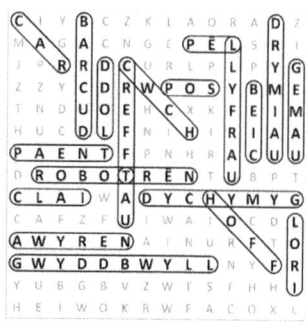

19 - Giocattoli

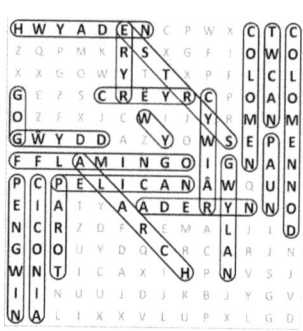

20 - Uccelli

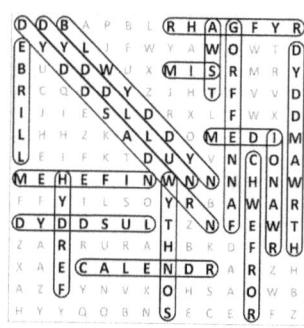

21 - Giorni e Mesi

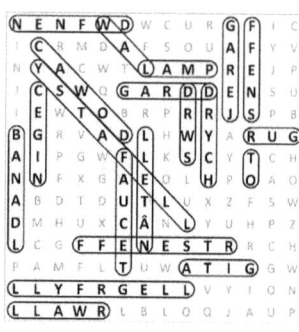

22 - Casa

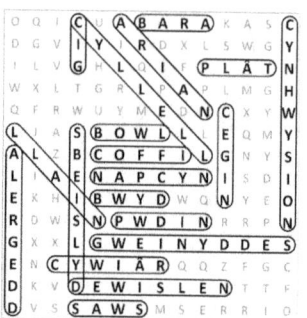

23 - Ristorante #1

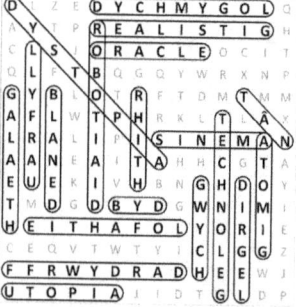

24 - Fantascienza

25 - Città

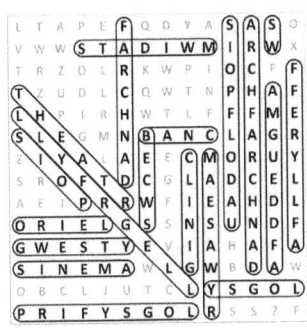

26 - Virtù #1

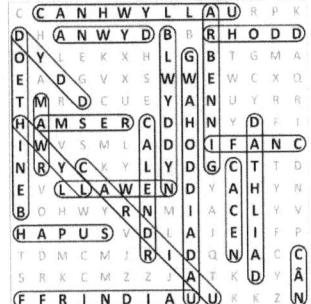

27 - Compleanno

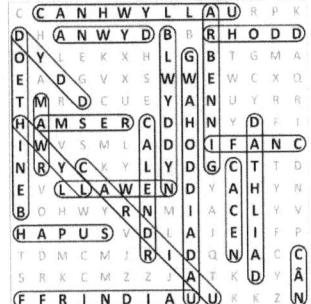

28 - Fattoria #1

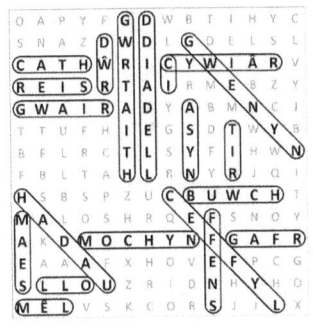

29 - Paesaggi

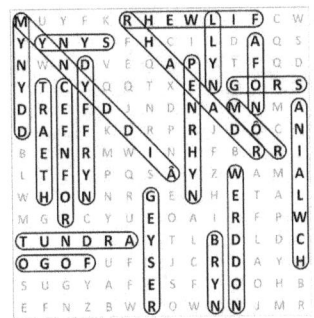

30 - Ristorante #2

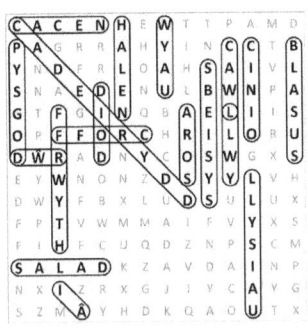

31 - Giardino

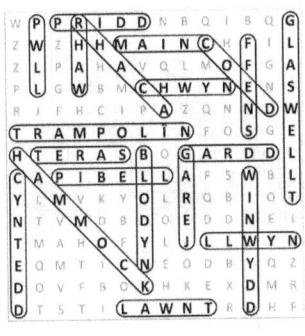

32 - Frutta

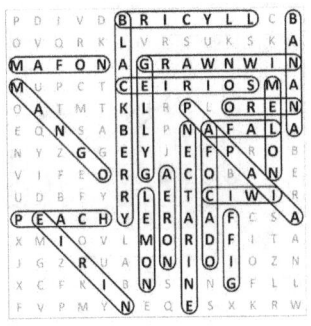

33 - Fattoria #2

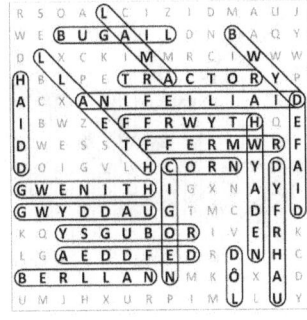

34 - Dinosauri

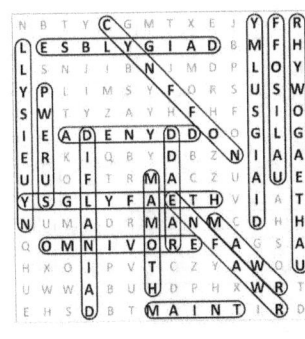

35 - Verdure

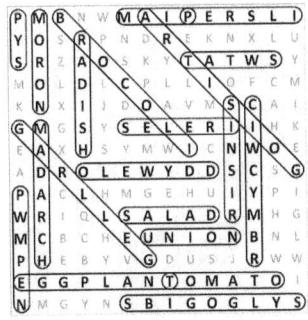

36 - Scuola #2

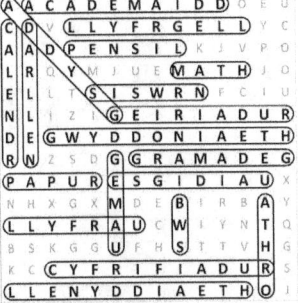

37 - Gentilezza

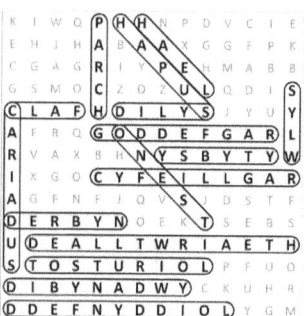

38 - Barbecue

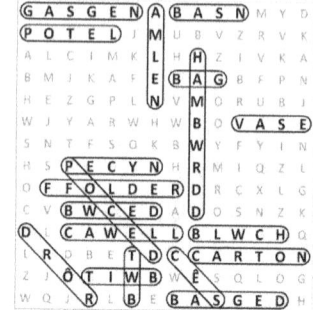

39 - Riempire

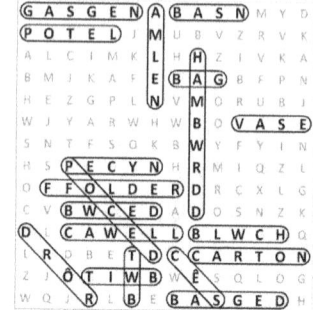

40 - Insetti

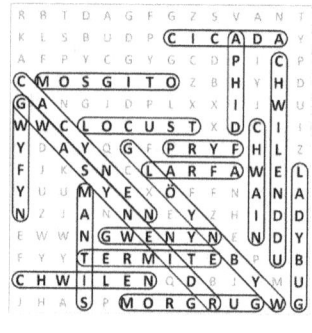

41 - Erboristeria

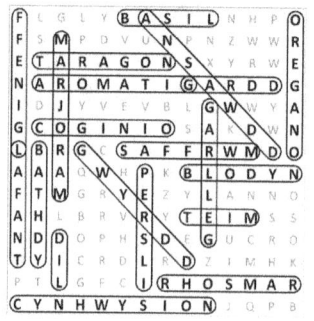

42 - Danza

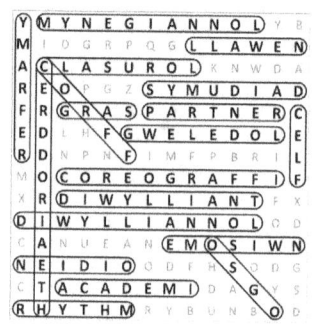

43 - Scuola #1

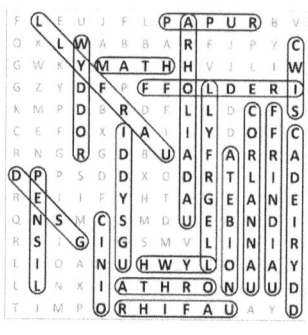

44 - Fiori

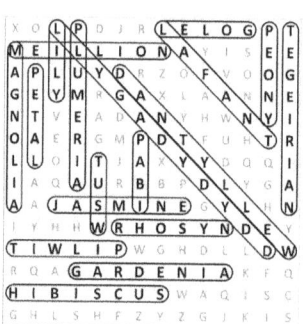

45 - Ecologia

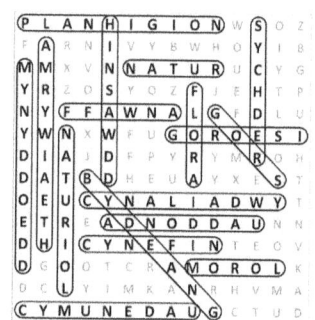

46 - Discipline Scientifiche

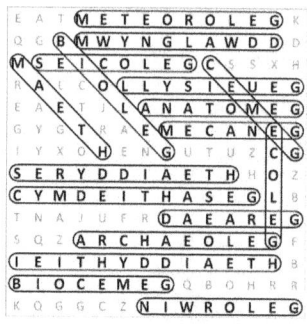

47 - Scienza

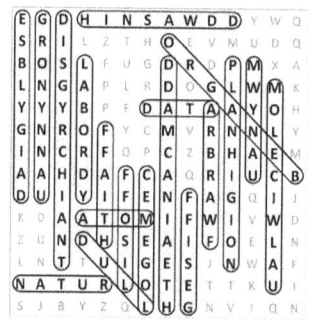

48 - Acqua

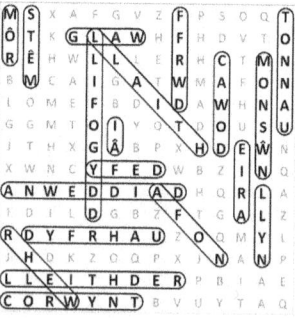

49 - Gatti

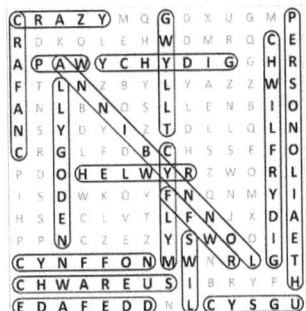

50 - Surf

51 - Imbarcazioni

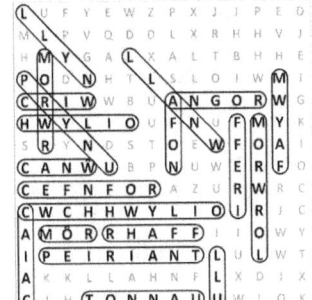

52 - Api

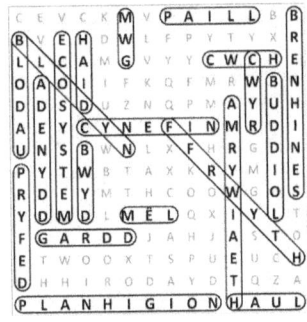

53 - Conservazione

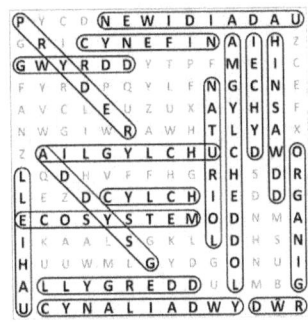

54 - Strumenti Musicali

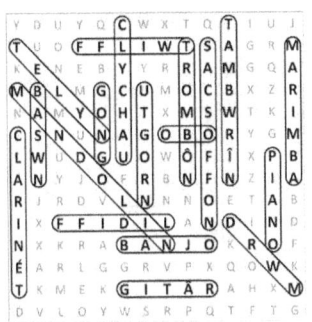

55 - Professioni #2

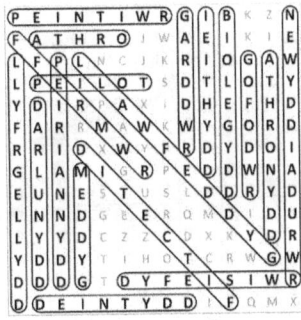

56 - Letteratura

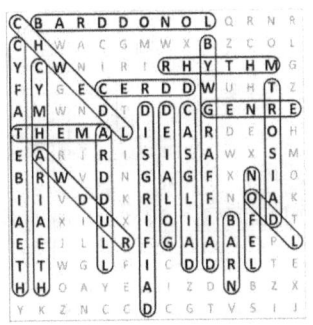

57 - Cibo #2

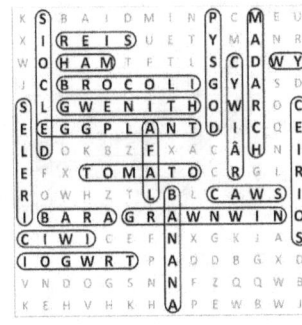

58 - Nutrizione

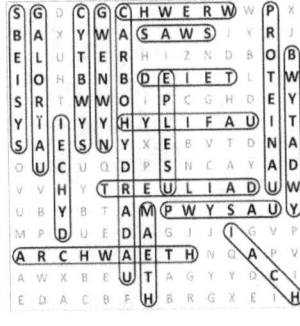

59 - Matematica

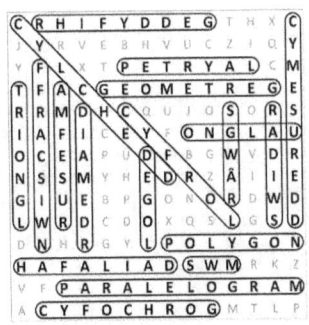

60 - Vacanza #1

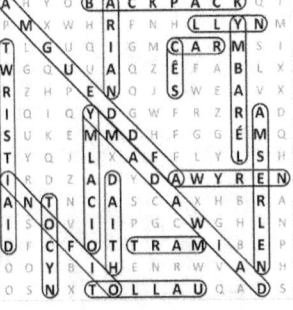

61 - Bagno

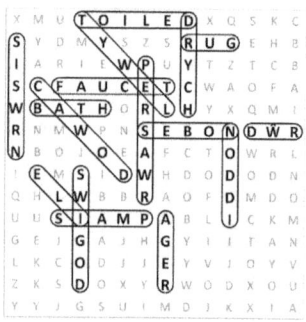

62 - Meditazione

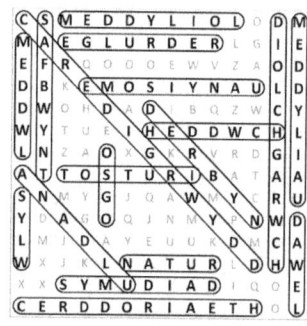

63 - Estate

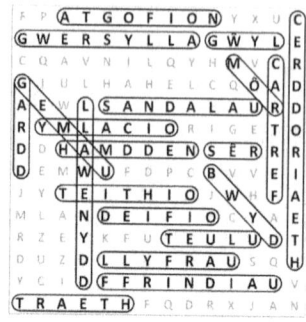

64 - Escursionismo

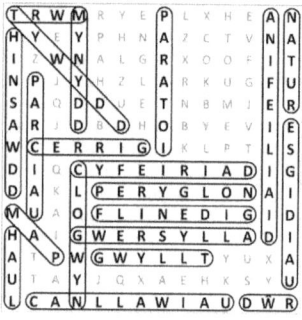

65 - Professioni #1

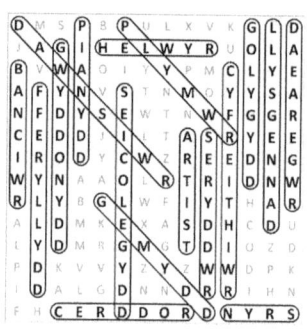

66 - Antartide

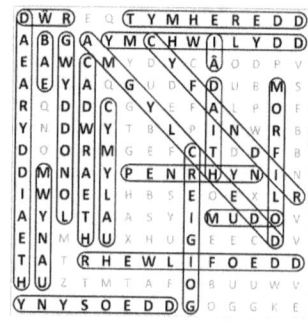

67 - Libri

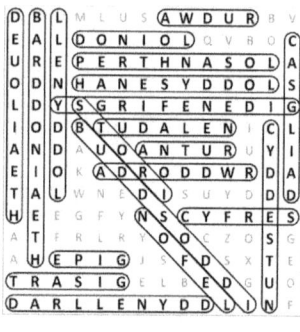

68 - Geografia

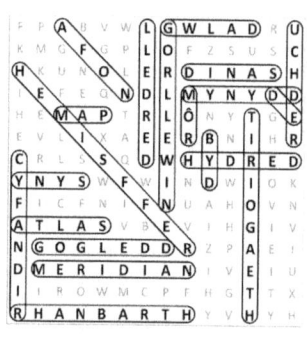

69 - Cibo #1

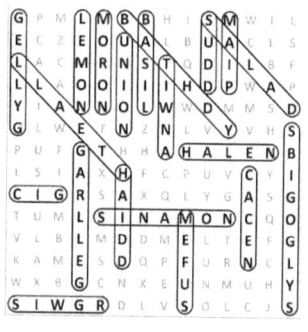

70 - Aeroplani

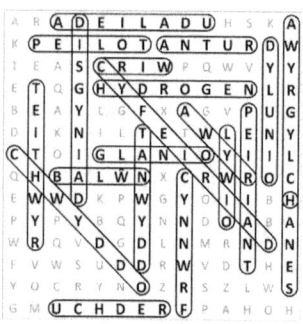

71 - Pirati

72 - Colori

73 - Spiaggia

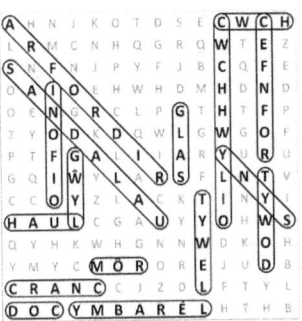

74 - Avventura

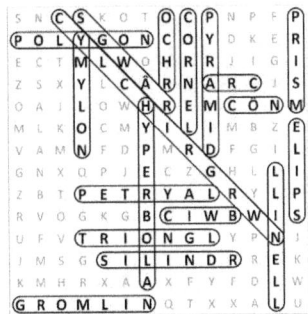

75 - Forme

76 - Oceano

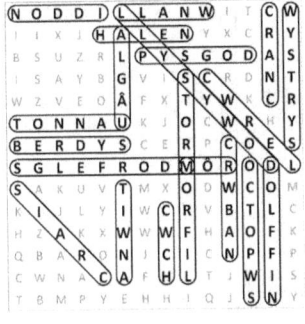

77 - Famiglia

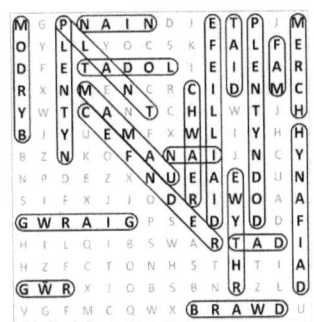

78 - Veicoli

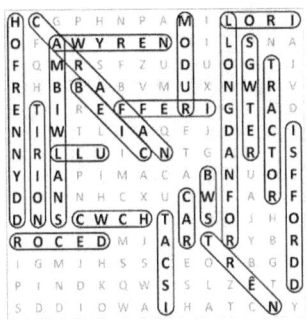

79 - Emozioni

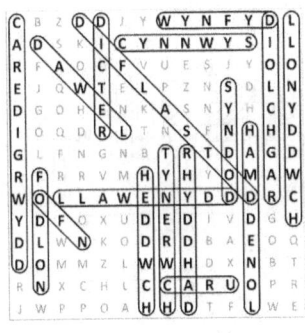

80 - Natura

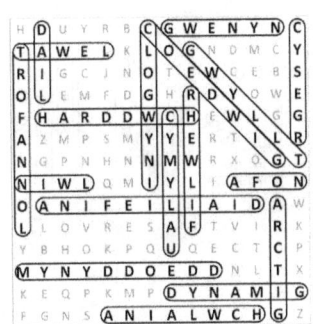

81 - Balletto

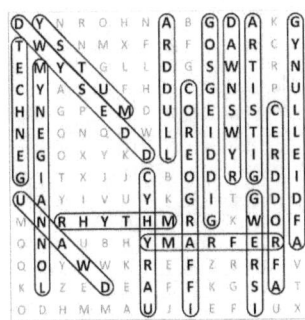

82 - Castelli

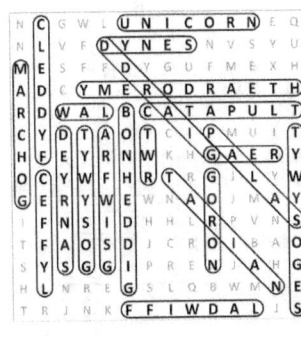

83 - Foresta Pluviale

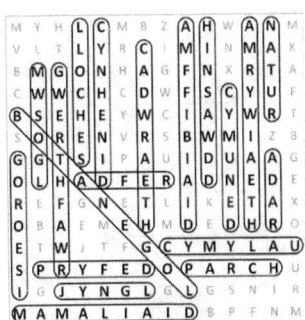

84 - Edifici

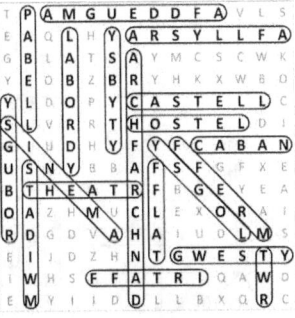

85 - Paesi #2

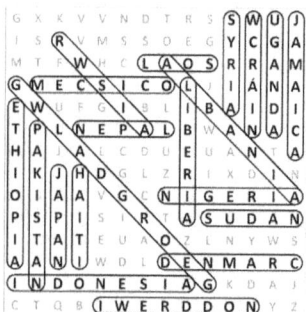

86 - Tipi di Capelli

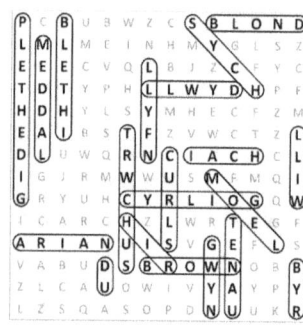

87 - Vestiti

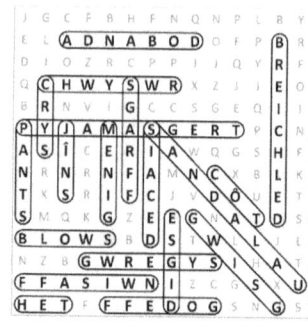

88 - Attività e Tempo Libero

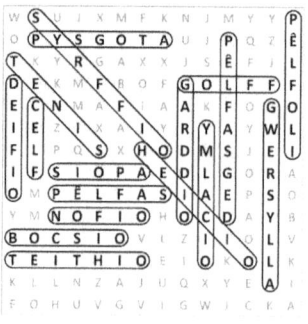

89 - Tecnologia

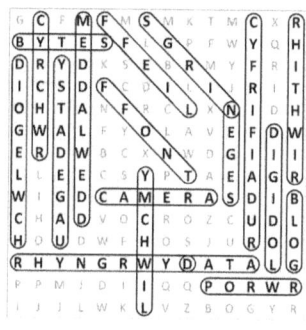

90 - Arte

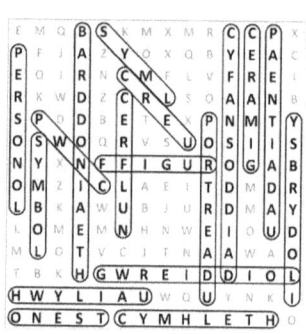

91 - Meteo

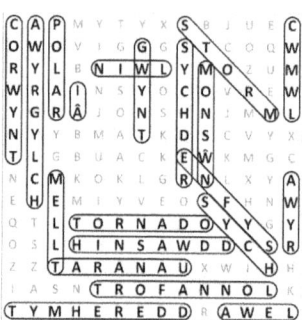

92 - Corpo Umano

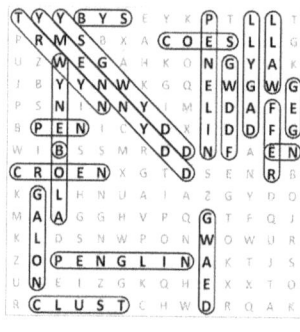

93 - Mammiferi

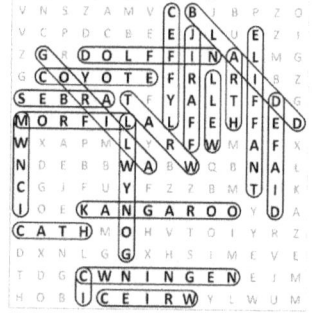

94 - Arrampicata

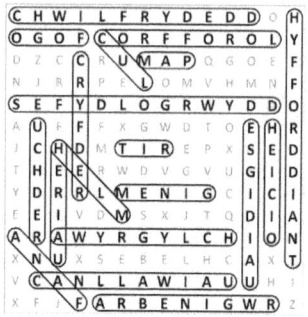

95 - Animali Domestici

96 - Cucina

97 - Vacanze #2

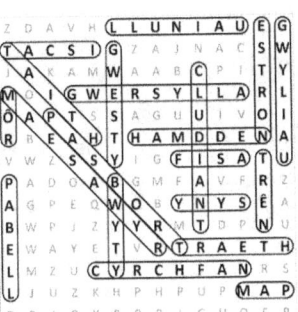

98 - Attività

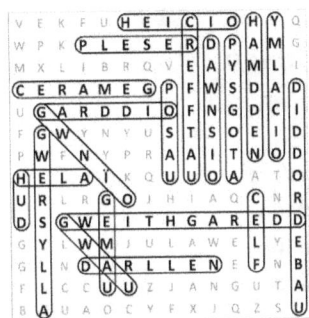

99 - Forniture Artistiche

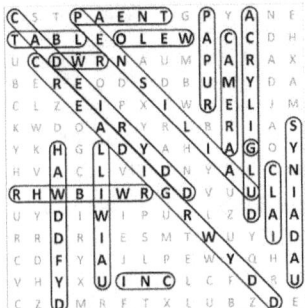

100 - Misurazioni

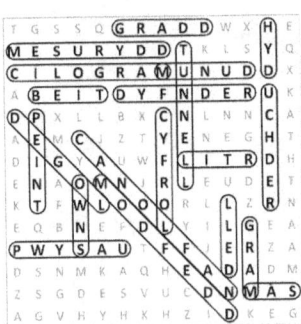

Dizionario

Acqua
Dŵr

Italiano	Gallese
Alluvione	Llifogydd
Doccia	Cawod
Evaporazione	Anweddiad
Fiume	Afon
Flusso	Ffrwd
Gelo	Rhew
Ghiaccio	Iâ
Irrigazione	Dyfrhau
Lago	Llyn
Monsone	Monsŵn
Neve	Eira
Oceano	Môr
Onde	Tonnau
Pioggia	Glaw
Potabile	Yfed
Umidità	Lleithder
Umido	Llaith
Uragano	Corwynt
Vapore	Stêm

Aeroplani
Awyrennau

Italiano	Gallese
Altezza	Uchder
Atmosfera	Awyrgylch
Atterraggio	Glanio
Avventura	Antur
Carburante	Tanwydd
Cielo	Awyr
Costruzione	Adeiladu
Design	Dylunio
Direzione	Cyfeiriad
Discesa	Disgyniad
Equipaggio	Criw
Gonfiare	Chwyddo
Idrogeno	Hydrogen
Motore	Peiriant
Navigare	Lywio
Palloncino	Balŵn
Passeggero	Teithwyr
Pilota	Peilot
Storia	Hanes
Turbolenza	Cynnwrf

Aggettivi #1
Ansoddeiriau # 1

Italiano	Gallese
Ambizioso	Uchelgeisiol
Aromatico	Aromatig
Artistico	Artistig
Assoluto	Absoliwt
Attivo	Gweithredol
Enorme	Enfawr
Esotico	Egsotig
Generoso	Hael
Giovane	Ifanc
Grande	Mawr
Identico	Union
Importante	Pwysig
Lento	Araf
Lungo	Hir
Moderno	Modern
Onesto	Onest
Perfetto	Perffaith
Pesante	Trwm
Prezioso	Gwerthfawr
Sottile	Tenau

Aggettivi #2
Ansoddeiriau # 2

Italiano	Gallese
Affamato	Llwglyd
Asciutto	Sych
Autentico	Dilys
Creativo	Creadigol
Descrittivo	Disgrifiadol
Dolce	Melys
Drammatico	Dramatig
Elegante	Cain
Famoso	Enwog
Forte	Cryf
Interessante	Diddorol
Naturale	Naturiol
Normale	Arferol
Nuovo	Newydd
Orgoglioso	Falch
Produttivo	Cynhyrchiol
Puro	Pur
Responsabile	Cyfrifol
Salato	Hallt
Sano	Iach

Animali Domestici
Anifeiliaid Anwes

Italiano	Gallese
Acqua	Dŵr
Artigli	Crafangau
Cane	Ci
Capra	Gafr
Cibo	Bwyd
Coda	Cynffon
Collare	Coler
Coniglio	Cwningen
Criceto	Hamster
Cucciolo	Cŵn Bach
Gatto	Cath
Guinzaglio	Dennyn
Lucertola	Madfall
Mucca	Buwch
Pappagallo	Parot
Pesce	Pysgod
Tartaruga	Crwban
Topo	Llygoden
Veterinario	Milfeddyg

Antartide
Antarctica

Italiano	Gallese
Acqua	Dŵr
Ambiente	Amgylchedd
Baia	Bae
Balene	Morfilod
Conservazione	Cadwraeth
Continente	Cyfandir
Geografia	Daearyddiaeth
Ghiacciai	Rhewlifoedd
Ghiaccio	Iâ
Isole	Ynysoedd
Migrazione	Mudo
Minerali	Mwynau
Nuvole	Cymylau
Penisola	Penrhyn
Ricercatore	Ymchwilydd
Roccioso	Creigiog
Scientifico	Gwyddonol
Spedizione	Daith
Temperatura	Tymheredd
Topografia	Topograffeg

Api
Gwenyn

Ali	Adenydd
Alveare	Cwch
Benefico	Buddiol
Cera	Cwyr
Cibo	Bwyd
Diversità	Amrywiaeth
Ecosistema	Ecosystem
Fiori	Blodau
Fiorire	Blodyn
Frutta	Ffrwyth
Fumo	Mwg
Giardino	Gardd
Habitat	Cynefin
Insetto	Pryfed
Miele	Mêl
Piante	Planhigion
Polline	Paill
Regina	Brenhines
Sciame	Haid
Sole	Haul

Arrampicata
Dringo

Altitudine	Uchder
Atmosfera	Awyrgylch
Casco	Helm
Curiosità	Chwilfrydedd
Escursioni	Heicio
Esperto	Arbenigwr
Fisico	Corfforol
Formazione	Hyfforddiant
Forza	Cryfder
Grotta	Ogof
Guanti	Menig
Guide	Canllawiau
Lesione	Anaf
Mappa	Map
Sfide	Heriau
Stabilità	Sefydlogrwydd
Stivali	Esgidiau
Stretto	Cul
Terreno	Tir

Arte
Celf

Ceramica	Ceramig
Complesso	Cymhleth
Composizione	Cyfansoddiad
Creare	Creu
Dipinti	Paentiadau
Espressione	Mynegiant
Figura	Ffigur
Ispirato	Ysbrydoli
Onesto	Onest
Originale	Gwreiddiol
Personale	Personol
Poesia	Barddoniaeth
Ritrarre	Portreadu
Scultura	Cerflun
Semplice	Syml
Simbolo	Symbol
Soggetto	Pwnc
Surrealismo	Swrealaeth
Umore	Hwyliau
Visivo	Gweledol

Arti Visive
Celfyddydau Gweledol

Architettura	Pensaernïaeth
Argilla	Clai
Artista	Artist
Capolavoro	Campwaith
Cera	Cwyr
Ceramica	Cerameg
Composizione	Cyfansoddiad
Creatività	Creadigrwydd
Film	Ffilm
Fotografia	Ffotograff
Gesso	Sialc
Matita	Pensil
Penna	Pen
Prospettiva	Safbwynt
Ritratto	Portread
Scultura	Cerflun
Vernice	Farnais

Astronomia
Seryddiaeth

Asteroide	Asteroid
Astronauta	Gofodwr
Astronomo	Seryddwr
Cielo	Awyr
Cosmo	Cosmos
Costellazione	Cytser
Equinozio	Equinox
Galassia	Galaeth
Gravità	Disgyrchiant
Luna	Lleuad
Meteora	Meteor
Nebulosa	Nebula
Osservatorio	Arsyllfa
Pianeta	Blaned
Radiazione	Ymbelydredd
Razzo	Roced
Supernova	Uwchnofa
Telescopio	Telesgop
Terra	Ddaear
Universo	Bydysawd

Attività
Gweithgareddau

Arte	Celf
Artigianato	Crefftau
Attività	Gweithgaredd
Caccia	Hela
Campeggio	Gwersylla
Ceramica	Cerameg
Cucire	Gwnïo
Danza	Dawnsio
Escursioni	Heicio
Giardinaggio	Garddio
Giochi	Gemau
Interessi	Diddordebau
Lettura	Darllen
Magia	Hud
Maglieria	Gwau
Pesca	Pysgota
Piacere	Pleser
Puzzle	Posau
Rilassamento	Ymlacio
Tempo Libero	Hamdden

Attività e Tempo Libero
Gweithgareddau a Hamdden

Arte	Celf
Baseball	Pêl Fas
Basket	Pêl-Fasged
Boxe	Bocsio
Campeggio	Gwersylla
Escursioni	Heicio
Giardinaggio	Garddio
Golf	Golff
Immersione	Deifio
Nuoto	Nofio
Pallavolo	Pêl-Foli
Pesca	Pysgota
Rilassante	Ymlacio
Shopping	Siopa
Surf	Syrffio
Tennis	Tenis
Viaggio	Teithio

Avventura
Antur

Amici	Ffrindiau
Attività	Gweithgaredd
Bellezza	Harddwch
Coraggio	Dewrder
Destinazione	Cyrchfan
Difficoltà	Anhawster
Entusiasmo	Brwdfrydedd
Escursione	Gwibdaith
Gioia	Llawenydd
Insolito	Anarferol
Itinerario	Amserlen
Natura	Natur
Navigazione	Llywio
Nuovo	Newydd
Opportunità	Cyfle
Pericoloso	Peryglus
Preparazione	Paratoi
Sfide	Heriau
Sicurezza	Diogelwch
Viaggi	Teithio

Bagno
Ystafell Ymolchi

Acqua	Dŵr
Asciugamano	Tywel
Bagno	Bath
Bolle	Swigod
Doccia	Cawod
Forbici	Siswrn
Gabinetto	Toiled
Lozione	Eli
Profumo	Persawr
Rubinetto	Faucet
Sapone	Sebon
Shampoo	Siamp
Specchio	Drych
Spugna	Noddi
Tappeto	Rug
Vapore	Ager

Balletto
Bale

Applauso	Cymeradwyaeth
Artistico	Artistig
Assolo	Unawd
Ballerini	Dawnswyr
Compositore	Cyfansoddwr
Coreografia	Coreograffi
Espressivo	Mynegiannol
Gesto	Ystum
Grazioso	Gosgeiddig
Intensità	Dwysedd
Lezioni	Gwersi
Muscoli	Cyhyrau
Musica	Cerddoriaeth
Orchestra	Cerddorfa
Pratica	Ymarfer
Pubblico	Gynulleidfa
Ritmo	Rhythm
Stile	Arddull
Tecnica	Techneg

Barbecue
Barbeciws

Caldo	Poeth
Cena	Cinio
Cibo	Bwyd
Cipolle	Syrthion
Coltelli	Cyllyll
Estate	Haf
Fame	Newyn
Famiglia	Teulu
Frutta	Ffrwyth
Giochi	Gemau
Griglia	Gril
Insalate	Saladau
Invito	Gwahoddiad
Musica	Cerddoriaeth
Pepe	Pupur
Pollo	Cyw lâr
Pomodori	Tomatos
Sale	Halen
Salsa	Saws
Verdure	Llysiau

Campeggio
Gwersylla

Alberi	Coed
Amaca	Hammock
Animali	Anifeiliaid
Avventura	Antur
Bussola	Cwmpawd
Cabina	Caban
Caccia	Hela
Canoa	Canŵ
Cappello	Het
Corda	Rhaff
Divertimento	Hwyl
Foresta	Coedwig
Fuoco	Tân
Insetto	Pryfed
Lago	Llyn
Luna	Lleuad
Mappa	Map
Montagna	Mynydd
Natura	Natur
Tenda	Pabell

Casa
Tŷ

Attico	Atig
Biblioteca	Llyfrgell
Camera	Ystafell
Camino	Lle Tân
Cucina	Cegin
Doccia	Cawod
Finestra	Ffenestr
Garage	Garej
Giardino	Gardd
Lampada	Lamp
Parete	Wal
Pavimento	Llawr
Porta	Drws
Recinto	Ffens
Rubinetto	Faucet
Scopa	Banadl
Soffitto	Nenfwd
Specchio	Drych
Tappeto	Rug
Tetto	To

Castelli
Cestyll

Armatura	Arfwisg
Catapulta	Catapult
Cavaliere	Marchog
Cavallo	Ceffyl
Corona	Goron
Dinastia	Dynes
Drago	Ddraig
Feudale	Ffiwdal
Fortezza	Gaer
Impero	Ymerodraeth
Nobile	Bonheddig
Palazzo	Palas
Parete	Wal
Principe	Tywysog
Principessa	Tywysoges
Regno	Deyrnas
Scudo	Tarian
Spada	Cleddyf
Torre	Twr
Unicorno	Unicorn

Cibo #1
Bwyd # 1

Aglio	Garlleg
Basilico	Basil
Cannella	Sinamon
Carne	Cig
Carota	Moron
Cipolla	Union
Fragola	Mefus
Insalata	Salad
Latte	Llaeth
Limone	Lemon
Menta	Bathdy
Orzo	Haidd
Pera	Gellyg
Rapa	Maip
Sale	Halen
Spinaci	Sbigoglys
Succo	Sudd
Tonno	Tiwna
Torta	Cacen
Zucchero	Siwgr

Cibo #2
Bwyd # 2

Banana	Banana
Broccolo	Brocoli
Ciliegia	Ceirios
Cioccolato	Siocled
Formaggio	Caws
Fungo	Madarch
Grano	Gwenith
Kiwi	Ciwi
Mela	Afal
Melanzana	Eggplant
Pane	Bara
Pesce	Pysgod
Pollo	Cyw Iâr
Pomodoro	Tomato
Prosciutto	Ham
Riso	Reis
Sedano	Seleri
Uovo	Wy
Uva	Grawnwin
Yogurt	Iogwrt

Cioccolato
Siocled

Amaro	Chwerw
Antiossidante	Gwrthocsidiol
Aroma	Arogl
Artigianale	Crefftwyr
Cacao	Cacao
Calorie	Galorïau
Caramella	Candy
Caramello	Caramel
Delizioso	Blasus
Dolce	Melys
Esotico	Egsotig
Gusto	Blas
Ingrediente	Cynhwysion
Noce di Cocco	Cnau Coco
Polvere	Powdr
Preferito	Hoff
Qualità	Ansawdd
Ricetta	Rysáit
Zucchero	Siwgr

Circo
Syrcas

Acrobata	Acrobat
Animali	Anifeiliaid
Biglietto	Tocyn
Caramella	Candy
Clown	Clown
Costume	Gwisgoedd
Elefante	Eliffant
Giocoliere	Siwglwr
Leone	Llew
Magia	Hud
Mago	Dewin
Musica	Cerddoriaeth
Palloncini	Balwnau
Parata	Rhodfa
Scimmia	Mwnci
Spettacolare	Ysblennydd
Spettatore	Gwyliwr
Tenda	Pabell
Tigre	Teigr
Trucco	Tric

Città
Y Dref

Aeroporto	Maes Awyr
Banca	Banc
Biblioteca	Llyfrgell
Cinema	Sinema
Clinica	Clinig
Farmacia	Fferyllfa
Fiorista	Siop Flodau
Galleria	Oriel
Hotel	Gwesty
Libreria	Siop Lyfrau
Mercato	Farchnad
Museo	Amgueddfa
Negozio	Siop
Panetteria	Becws
Scuola	Ysgol
Stadio	Stadiwm
Supermercato	Archfarchnad
Teatro	Theatr
Università	Prifysgol
Zoo	Sw

Colori
Lliwiau

Arancia	Oren
Azzurro	Asur
Beige	Llwydfelyn
Bianco	Gwyn
Blu	Glas
Ciano	Gwyrddlas
Fucsia	Dyfwyr
Giallo	Melyn
Grigio	Llwyd
Indaco	Indigo
Magenta	Magenta
Marrone	Brown
Nero	Du
Rosa	Pinc
Rosso	Coch
Seppia	Sepia
Verde	Gwyrdd
Viola	Porffor

Compleanno
Pen-Blwydd

Amici	Ffrindiau
Anno	Blwyddyn
Calendario	Calendr
Candele	Canhwyllau
Canzone	Cân
Carte	Cardiau
Celebrazione	Dathliad
Divertimento	Hwyl
Felice	Hapus
Gioioso	Llawen
Giorno	Dydd
Giovane	Ifanc
Grande	Mawr
Inviti	Gwahoddiadau
Nato	Anwyd
Regalo	Rhodd
Saggezza	Doethineb
Speciale	Arbennig
Tempo	Amser
Torta	Cacen

Conservazione
Cadwraeth

Acqua	Dŵr
Ambientale	Amgylcheddol
Cambiamenti	Newidiadau
Ciclo	Cylch
Clima	Hinsawdd
Ecosistema	Ecosystem
Educazione	Addysg
Habitat	Cynefin
Inquinamento	Llygredd
Naturale	Naturiol
Organico	Organig
Pesticida	Plaladdwyr
Preoccupazione	Pryder
Riciclare	Ailgylchu
Ridurre	Lleihau
Salute	Iechyd
Sostenibile	Cynaliadwy
Verde	Gwyrdd
Volontario	Gwirfoddolwr

Corpo Umano
Corff Dynol

Bocca	Geg
Caviglia	Ffêr
Cervello	Ymennydd
Collo	Gwddf
Cuore	Galon
Dito	Bys
Faccia	Wyneb
Gamba	Coes
Ginocchio	Pen-Glin
Gomito	Penelin
Mano	Llaw
Mento	Ên
Naso	Trwyn
Occhio	Llygad
Orecchio	Clust
Pelle	Croen
Sangue	Gwaed
Spalla	Ysgwydd
Stomaco	Bola
Testa	Pen

Cucina
Cegin

Bacchette	Chopsticks
Bollitore	Tegell
Brocca	Jwg
Cibo	Bwyd
Ciotola	Bowl
Coltelli	Cyllyll
Congelatore	Rhewgell
Cucchiai	Llwyau
Forchette	Ffyrc
Forno	Popty
Frigorifero	Oergell
Grembiule	Ffedog
Griglia	Gril
Mestolo	Lletwad
Ricetta	Rysáit
Spezie	Sbeisys
Spugna	Noddi
Tazze	Cwpanau
Tovagliolo	Napcyn
Vaso	Jar

Danza
Dawns

Accademia	Academi
Arte	Celf
Classico	Clasurol
Compagno	Partner
Coreografia	Coreograffi
Corpo	Corff
Cultura	Diwylliant
Culturale	Diwylliannol
Emozione	Emosiwn
Espressivo	Mynegiannol
Gioioso	Llawen
Grazia	Gras
Movimento	Symudiad
Musica	Cerddoriaeth
Postura	Osgo
Prova	Ymarfer
Ritmo	Rhythm
Salto	Neidio
Tradizionale	Traddodiadol
Visivo	Gweledol

Dinosauri
Deinosoriaid

Ali	Adenydd
Coda	Cynffon
Enorme	Enfawr
Erbivoro	Llysieuyn
Evoluzione	Esblygiad
Fossili	Ffosilau
Grande	Mawr
Mammut	Mamoth
Onnivoro	Omnivore
Potente	Pwerus
Preda	Ysglyfaeth
Preistorico	Cynhanesyddol
Rettile	Ymlusgiaid
Scomparsa	Diflaniad
Specie	Rhywogaethau
Taglia	Maint
Terra	Ddaear
Vizioso	Dieflig

Discipline Scientifiche
Ddisgyblaethau Gwyddonol

Anatomia	Anatomeg
Archeologia	Archaeoleg
Astronomia	Seryddiaeth
Biochimica	Biocemeg
Biologia	Bioleg
Botanica	Llysieueg
Chimica	Cemeg
Ecologia	Ecoleg
Fisiologia	Ffisioleg
Geologia	Daeareg
Immunologia	Imiwnoleg
Linguistica	Ieithyddiaeth
Meccanica	Mecaneg
Meteorologia	Meteoroleg
Mineralogia	Mwynglawdd
Neurologia	Niwroleg
Nutrizione	Maeth
Psicologia	Seicoleg
Sociologia	Cymdeithaseg
Zoologia	Milofyddiaeth

Ecologia
Ecoleg

Clima	Hinsawdd
Comunità	Cymunedau
Diversità	Amrywiaeth
Fauna	Ffawna
Flora	Flora
Globale	Byd-Eang
Habitat	Cynefin
Marino	Morol
Montagne	Mynyddoedd
Natura	Natur
Naturale	Naturiol
Palude	Gors
Piante	Planhigion
Risorse	Adnoddau
Siccità	Sychder
Sopravvivenza	Goroesi
Sostenibile	Cynaliadwy
Specie	Rhywogaethau
Vegetazione	Llystyfiant
Volontari	Gwirfoddolwyr

Edifici
Adeiladau

Appartamento	Fflat
Cabina	Caban
Castello	Castell
Cinema	Sinema
Fabbrica	Ffatri
Fattoria	Fferm
Fienile	Ysgubor
Hotel	Gwesty
Laboratorio	Labordy
Museo	Amgueddfa
Ospedale	Ysbyty
Osservatorio	Arsyllfa
Ostello	Hostel
Scuola	Ysgol
Stadio	Stadiwm
Supermercato	Archfarchnad
Teatro	Theatr
Tenda	Pabell
Torre	Twr
Università	Prifysgol

Emozioni
Emosiynau

Amore	Caru
Beatitudine	Wynfyd
Calma	Dawel
Contenuto	Cynnwys
Eccitato	Gyffrous
Gentilezza	Caredigrwydd
Gioia	Llawenydd
Grato	Diolchgar
Noia	Diflastod
Pace	Heddwch
Paura	Ofn
Rabbia	Dicter
Rilassato	Hamddenol
Rilievo	Rhyddhad
Simpatia	Cydymdeimlad
Soddisfatto	Fodlon
Sorpresa	Syndod
Tenerezza	Tynerwch
Tranquillità	Llonyddwch
Tristezza	Tristwch

Erboristeria
Llysieuol

Aglio	Garlleg
Aneto	Dil
Aromatico	Aromatig
Basilico	Basil
Culinario	Coginio
Dragoncello	Taragon
Finocchio	Ffenigl
Fiore	Blodyn
Giardino	Gardd
Ingrediente	Cynhwysion
Lavanda	Lafant
Maggiorana	Marjoram
Menta	Bathdy
Origano	Oregano
Prezzemolo	Persli
Qualità	Ansawdd
Rosmarino	Rhosmar
Timo	Teim
Verde	Gwyrdd
Zafferano	Saffrwm

Escursionismo
Heicio

Acqua	Dŵr
Animali	Anifeiliaid
Campeggio	Gwersylla
Clima	Hinsawdd
Guide	Canllawiau
Mappa	Map
Meteo	Tywydd
Montagna	Mynydd
Natura	Natur
Orientamento	Cyfeiriad
Parchi	Parciau
Pericoli	Peryglon
Pesante	Trwm
Pietre	Cerrig
Preparazione	Paratoi
Scogliera	Clogwyn
Selvaggio	Gwyllt
Sole	Haul
Stanco	Flinedig
Stivali	Esgidiau

Esplorazione
Archwilio

Animali	Anifeiliaid
Attività	Gweithgaredd
Coraggio	Dewrder
Culture	Diwylliannau
Determinazione	Penderfyniad
Eccitazione	Cyffro
Esaurimento	Blinder
Lingua	Iaith
Nuovo	Newydd
Per Imparare	I Ddysgu
Pericoli	Peryglon
Sconosciuto	Anhysbys
Scoperta	Darganfyddiad
Selvaggio	Gwyllt
Spazio	Gofod
Terreno	Tir
Viaggio	Teithio

Estate
Haf

Amici	Ffrindiau
Campeggio	Gwersylla
Casa	Cartref
Cibo	Bwyd
Famiglia	Teulu
Giardino	Gardd
Giochi	Gemau
Gioia	Llawenydd
Immersione	Deifio
Libri	Llyfrau
Mare	Môr
Musica	Cerddoriaeth
Ricordi	Atgofion
Rilassamento	Ymlacio
Sandali	Sandalau
Spiaggia	Traeth
Stelle	Sêr
Tempo Libero	Hamdden
Vacanza	Gŵyl
Viaggio	Teithio

Famiglia
Teulu

Antenato	Hynafiad
Bambini	Plant
Bambino	Plentyn
Cugino	Cefnder
Figlia	Merch
Fratello	Brawd
Gemelli	Efeilliaid
Infanzia	Plentyndod
Madre	Fam
Marito	Gŵr
Materno	Mamau
Moglie	Gwraig
Nipote	Nai
Nonna	Nain
Nonno	Taid
Padre	Tad
Paterno	Tadol
Sorella	Chwaer
Zia	Modryb
Zio	Ewythr

Fantascienza
Ffuglen Gwyddoniaeth

Atomico	Atomig
Cinema	Sinema
Distopia	Dystopia
Esplosione	Ffrwydrad
Estremo	Eithafol
Fantastico	Gwych
Fuoco	Tân
Futuristico	Dyfodolaidd
Galassia	Galaeth
Illusione	Rhith
Immaginario	Dychmygol
Libri	Llyfrau
Misterioso	Dirgel
Mondo	Byd
Oracolo	Oracle
Pianeta	Blaned
Realistico	Realistig
Robot	Robotiaid
Tecnologia	Technoleg
Utopia	Utopia

Fattoria #1
Fferm # 1

Acqua	Dŵr
Ape	Gwenyn
Asino	Asyn
Campo	Maes
Cane	Ci
Capra	Gafr
Cavallo	Ceffyl
Fertilizzante	Gwrtaith
Fieno	Gwair
Gatto	Cath
Gregge	Ddiadell
Maiale	Mochyn
Miele	Mêl
Mucca	Buwch
Pollo	Cyw Iâr
Recinto	Ffens
Riso	Reis
Semi	Hadau
Terra	Tir
Vitello	Llo

Fattoria #2
Fferm # 2

Agnello	Cig Oen
Agricoltore	Ffermwr
Anatra	Hwyaden
Animali	Anifeiliaid
Cibo	Bwyd
Fienile	Ysgubor
Frutta	Ffrwyth
Frutteto	Berllan
Grano	Gwenith
Irrigazione	Dyfrhau
Lama	Lama
Latte	Llaeth
Mais	Corn
Maturo	Aeddfed
Oche	Gwyddau
Orzo	Haidd
Pastore	Bugail
Pecora	Defaid
Prato	Dôl
Trattore	Tractor

Fiori
Blodau

Dente di Leone	Dant y Llew
Gardenia	Gardenia
Gelsomino	Jasmine
Giglio	Lily
Ibisco	Hibiscus
Lavanda	Lafant
Lilla	Lelog
Magnolia	Magnolia
Margherita	Llygad y Dydd
Mazzo	Tusw
Orchidea	Tegeirian
Papavero	Pabi
Peonia	Peony
Petalo	Petal
Plumeria	Plumeria
Rosa	Rhosyn
Trifoglio	Meillion
Tulipano	Tiwlip

Foresta Pluviale
Fforestydd Glaw

Anfibi	Amffibiaid
Botanico	Botanegol
Clima	Hinsawdd
Comunità	Cymuned
Diversità	Amrywiaeth
Giungla	Jyngl
Indigeno	Cynhenid
Insetti	Pryfed
Mammiferi	Mamaliaid
Muschio	Mwsogl
Natura	Natur
Nuvole	Cymylau
Preservazione	Cadwraeth
Prezioso	Gwerthfawr
Restauro	Adfer
Rifugio	Lloches
Rispetto	Parch
Sopravvivenza	Goroesi
Specie	Rhywogaethau
Uccelli	Adar

Forme
Siapiau

Angolo	Cornel
Arco	Arc
Bordi	Ymylon
Cerchio	Cylch
Cilindro	Silindr
Cono	Côn
Cubo	Ciwb
Curva	Gromlin
Ellisse	Elips
Iperbole	Hyperbola
Lato	Ochr
Linea	Llinell
Ovale	Hirgrwn
Piramide	Pyramid
Poligono	Polygon
Prisma	Prism
Quadrato	Sgwâr
Rettangolo	Petryal
Triangolo	Triongl

Forniture Artistiche
Cyflenwadau Celf

Acqua	Dŵr
Acrilico	Acrylig
Argilla	Clai
Carta	Papur
Cavalletto	Hawddfyd
Colla	Glud
Colori	Lliwiau
Creatività	Creadigrwydd
Gomma	Rhwbiwr
Idee	Syniadau
Inchiostro	Inc
Matite	Pensiliau
Olio	Olew
Sedia	Cadeirydd
Tavolo	Tabl
Telecamera	Camera
Vernici	Paent

Frutta
Ffrwythau

Albicocca	Bricyll
Arancia	Oren
Avocado	Afocado
Bacca	Aeron
Banana	Banana
Ciliegia	Ceirios
Fico	Ffig
Kiwi	Ciwi
Lampone	Mafon
Limone	Lemon
Mango	Mango
Mela	Afal
Melone	Melon
Mora	Blackberry
Nettarina	Nectarine
Papaia	Papaia
Pera	Gellyg
Pesca	Peach
Prugna	Eirin
Uva	Grawnwin

Gatti
Cathod

Artiglio	Crafanc
Cacciatore	Helwyr
Coda	Cynffon
Curioso	Chwilfrydig
Dormire	Cysgu
Filo	Edafedd
Giocoso	Chwareus
Indipendente	Annibynnol
Pazzo	Crazy
Pelliccia	Ffwr
Personalità	Personoliaeth
Poco	Ychydig
Selvaggio	Gwyllt
Timido	Swil
Topo	Llygoden
Veloce	Cyflym
Zampa	Paw

Gentilezza
Caredigrwydd

Affidabile	Dibynadwy
Amichevole	Cyfeillgar
Amorevole	Cariadus
Attento	Sylw
Compassionevole	Tosturiol
Comprensione	Dealltwriaeth
Felice	Hapus
Generoso	Hael
Genuino	Dilys
Onesto	Onest
Ospitale	Ysbyty
Paziente	Claf
Ricettivo	Derbyn
Rispettoso	Parch
Tollerante	Goddefgar
Utile	Ddefnyddiol

Geografia
Daearyddiaeth

Altitudine	Uchder
Atlante	Atlas
Città	Dinas
Continente	Cyfandir
Emisfero	Hemisffer
Fiume	Afon
Isola	Ynys
Latitudine	Lledred
Longitudine	Hydred
Mappa	Map
Mare	Môr
Meridiano	Meridian
Mondo	Byd
Montagna	Mynydd
Nord	Gogledd
Ovest	Gorllewin
Paese	Gwlad
Regione	Rhanbarth
Sud	De
Territorio	Tiriogaeth

Geologia
Daeareg

Acido	Asid
Altopiano	Gwastad
Calcio	Calsiwm
Caverna	Ogof
Continente	Cyfandir
Corallo	Cwrel
Cristalli	Crisialau
Fossile	Ffosil
Geyser	Geyser
Lava	Lafa
Minerali	Mwynau
Pietra	Carreg
Quarzo	Cwarts
Sale	Halen
Stalagmiti	Stalagmidau
Stalattite	Stalactite
Strato	Haen
Terremoto	Daeargryn
Vulcano	Llosgfynydd
Zona	Parth

Giardino
Gardd

Albero	Coed
Amaca	Hammock
Cespuglio	Llwyn
Erba	Glaswellt
Erbacce	Chwyn
Fiore	Blodyn
Garage	Garej
Giardino	Gardd
Pala	Rhaw
Panca	Mainc
Portico	Cyntedd
Prato	Lawnt
Rastrello	Rhaca
Recinto	Ffens
Stagno	Pwll
Suolo	Pridd
Terrazza	Teras
Trampolino	Trampolîn
Tubo	Pibell
Vite	Winwydd

Giocattoli
Teganau

Aereo	Awyren
Aquilone	Barcud
Argilla	Clai
Artigianato	Crefftau
Auto	Car
Bambola	Ddol
Barca	Cwch
Batteria	Drymiau
Bicicletta	Beic
Camion	Lori
Giochi	Gemau
Immaginazione	Dychymyg
Libri	Llyfrau
Palla	Pêl
Preferito	Hoff
Puzzle	Pos
Robot	Robot
Scacchi	Gwyddbwyll
Treno	Trên
Vernici	Paent

Giorni e Mesi
Diwrnodau a Misoedd

Agosto	Awst
Anno	Blwyddyn
Aprile	Ebrill
Calendario	Calendr
Dicembre	Rhagfyr
Domenica	Dydd Sul
Febbraio	Chwefror
Gennaio	Ionawr
Giugno	Mehefin
Luglio	Gorffennaf
Lunedì	Dydd Llun
Martedì	Dydd Mawrth
Mercoledì	Dydd Mercher
Mese	Mis
Novembre	Tachwedd
Ottobre	Hydref
Sabato	Dydd Sadwrn
Settembre	Medi
Settimana	Wythnos
Venerdì	Dydd Gwener

Guida
Gyrru

Auto	Car
Autobus	Bws
Carburante	Tanwydd
Freni	Breciau
Garage	Garej
Gas	Nwy
Incidente	Damwain
Licenza	Trwydded
Mappa	Map
Moto	Beic Modur
Motore	Modur
Pedonale	Cerddwyr
Pericolo	Perygl
Polizia	Heddlu
Sicurezza	Diogelwch
Strada	Ffordd
Traffico	Traffig
Trasporto	Cludiant
Tunnel	Twnnel
Velocità	Cyflymder

Imbarcazioni
Cychod

Albero	Mwyaf
Ancora	Angor
Barca a Vela	Cwch Hwylio
Boa	Prynu
Canoa	Canŵ
Corda	Rhaff
Equipaggio	Criw
Fiume	Afon
Kayak	Caiac
Lago	Llyn
Mare	Môr
Marea	Llanw
Marinaio	Morwr
Motore	Peiriant
Nautico	Morwrol
Oceano	Cefnfor
Onde	Tonnau
Traghetto	Fferi
Yacht	Hwylio
Zattera	Llu

Insetti
Pryfed

Afide	Aphid
Ape	Gwenyn
Cicala	Cicada
Coccinella	Ladybug
Coleottero	Chwilen
Falena	Gwyfyn
Farfalla	Glöyn Byw
Formica	Morgrug
Larva	Larfa
Libellula	Gwas y Neidr
Locusta	Locust
Mantide	Mantis
Pulce	Chwain
Scarafaggio	Chwilen Ddu
Termite	Termite
Verme	Pryf
Vespa	Cacynen
Zanzara	Mosgito

Letteratura
Llenyddiaeth

Analisi	Dadansoddiad
Analogia	Cyfatebiaeth
Aneddoto	Chwedl
Autore	Awdur
Biografia	Bywgraffiad
Conclusione	Casgliad
Confronto	Cymhariaeth
Descrizione	Disgrifiad
Dialogo	Deialog
Genere	Genre
Metafora	Trosiad
Opinione	Barn
Poesia	Cerdd
Poetico	Barddonol
Rima	Odl
Ritmo	Rhythm
Romanzo	Nofel
Stile	Arddull
Tema	Thema
Tragedia	Drychineb

Libri
Llyfrau

Autore	Awdur
Avventura	Antur
Collezione	Casgliad
Contesto	Cyd-Destun
Dualità	Deuoliaeth
Epico	Epig
Inventivo	Buddsoddi
Letterario	Llenyddol
Lettore	Darllenydd
Narratore	Adroddwr
Pagina	Tudalen
Poesia	Barddoniaeth
Rilevante	Perthnasol
Romanzo	Nofel
Scritto	Ysgrifenedig
Serie	Cyfres
Storia	Stori
Storico	Hanesyddol
Tragico	Trasig
Umoristico	Doniol

Mammiferi
Mamaliaid

Balena	Morfil
Cane	Ci
Canguro	Kangaroo
Cavallo	Ceffyl
Cervo	Ceirw
Coniglio	Cwningen
Coyote	Coyote
Delfino	Dolffin
Elefante	Eliffant
Gatto	Cath
Giraffa	Jiraff
Gorilla	Gorila
Leone	Llew
Lupo	Blaidd
Orso	Arth
Pecora	Defaid
Scimmia	Mwnci
Toro	Tarw
Volpe	Llwynog
Zebra	Sebra

Matematica
Mathemateg

Angoli	Onglau
Aritmetica	Rhifyddeg
Circonferenza	Cylchedd
Decimale	Degol
Diametro	Diamedr
Equazione	Hafaliad
Frazione	Ffracsiwn
Geometria	Geometreg
Parallelo	Cyfochrog
Parallelogramma	Paralelogram
Perimetro	Amfesur
Perpendicolare	Berpendicwlar
Poligono	Polygon
Quadrato	Sgwâr
Raggio	Radiws
Rettangolo	Petryal
Simmetria	Cymesuredd
Somma	Swm
Triangolo	Triongl
Volume	Cyfrol

Meditazione
Myfyrdod

Accettazione	Derbyn
Attenzione	Sylw
Calma	Dawel
Chiarezza	Eglurder
Compassione	Tosturi
Emozioni	Emosiynau
Felicità	Hapusrwydd
Gentilezza	Caredigrwydd
Gratitudine	Diolchgarwch
Mentale	Meddyliol
Mente	Meddwl
Movimento	Symudiad
Musica	Cerddoriaeth
Natura	Natur
Pace	Heddwch
Pensieri	Meddyliau
Postura	Osgo
Prospettiva	Safbwynt
Respirazione	Anadlu
Silenzio	Distawrwydd

Meteo
Tywydd

Arcobaleno	Enfys
Asciutto	Sych
Atmosfera	Awyrgylch
Brezza	Awel
Cielo	Awyr
Clima	Hinsawdd
Fulmine	Mellt
Ghiaccio	Iâ
Monsone	Monsŵn
Nebbia	Niwl
Nube	Cwmwl
Polare	Polar
Siccità	Sychder
Temperatura	Tymheredd
Tempesta	Storm
Tornado	Tornado
Tropicale	Trofannol
Tuono	Taranau
Uragano	Corwynt
Vento	Gwynt

Misurazioni
Mesuriadau

Altezza	Uchder
Byte	Beit
Centimetro	Canolfan
Chilogrammo	Cilogram
Decimale	Degol
Grado	Gradd
Grammo	Gram
Larghezza	Lled
Litro	Litr
Lunghezza	Hyd
Massa	Màs
Metro	Mesurydd
Minuto	Munud
Oncia	Owns
Peso	Pwysau
Pinta	Peint
Pollice	Modfedd
Profondità	Dyfnder
Tonnellata	Tunnell
Volume	Cyfrol

Mitologia
Mytholeg

Comportamento	Ymddygiad
Creatura	Creadur
Creazione	Creu
Credenze	Credoau
Cultura	Diwylliant
Disastro	Trychineb
Divinità	Duwiau
Eroe	Arwr
Forza	Cryfder
Fulmine	Mellt
Gelosia	Cenfigen
Guerriero	Rhyfelwr
Immortalità	Anfarwoldeb
Labirinto	Labyrinth
Leggenda	Chwedl
Magico	Hudol
Mortale	Marwol
Mostro	Anghenfil
Tuono	Meddwl
Vendetta	Dial

Natura
Natur

Animali	Anifeiliaid
Api	Gwenyn
Artico	Arctig
Bellezza	Harddwch
Deserto	Anialwch
Dinamico	Dynamig
Fiume	Afon
Fogliame	Dail
Foresta	Coedwig
Ghiacciaio	Rhewlif
Montagne	Mynyddoedd
Nebbia	Niwl
Nuvole	Cymylau
Santuario	Cysegr
Scogliere	Clogwyni
Selvaggio	Gwyllt
Sereno	Tawel
Tropicale	Trofannol
Vitale	Hanfodol

Numeri
Rhifau

Cinque	Pump
Decimale	Degol
Diciotto	Deunaw
Dieci	Deg
Dodici	Deuddeg
Due	Dau
Matematica	Math
Nove	Naw
Otto	Wyth
Quattro	Pedwar
Quindici	Pymtheg
Sedici	Un ar Bymtheg
Sei	Chwech
Sette	Saith
Tre	Tri
Tredici	Tri ar Ddeg
Uno	Un
Venti	Ugain
Zero	Sero

Nutrizione
Maeth

Amaro	Chwerw
Appetito	Archwaeth
Bilanciato	Cytbwys
Calorie	Galorïau
Carboidrati	Carbohydradau
Commestibile	Bwytadwy
Dieta	Deiet
Digestione	Treuliad
Fermentazione	Eplesu
Liquidi	Hylifau
Nutriente	Maeth
Peso	Pwysau
Proteine	Proteinau
Qualità	Ansawdd
Salsa	Saws
Salute	Iechyd
Sano	Iach
Spezie	Sbeisys
Tossina	Gwenwyn
Vitamina	Fitamin

Oceano
Cefnfor

Alghe	Algâu
Anguilla	Llysywod
Balena	Morfil
Barca	Cwch
Corallo	Cwrel
Delfino	Dolffin
Gamberetto	Berdys
Granchio	Cranc
Maree	Llanw
Medusa	Sglefrod Môr
Onde	Tonnau
Ostrica	Wystrys
Pesce	Pysgod
Polpo	Octopws
Sale	Halen
Spugna	Noddi
Squalo	Siarc
Tartaruga	Crwban
Tempesta	Storm
Tonno	Tiwna

Paesaggi
Tirweddau

Cascata	Rhaeadr
Collina	Bryn
Deserto	Anialwch
Fiume	Afon
Geyser	Geyser
Ghiacciaio	Rhewlif
Grotta	Ogof
Iceberg	Mynydd Iâ
Isola	Ynys
Lago	Llyn
Mare	Môr
Montagna	Mynydd
Oasi	Werddon
Oceano	Cefnfor
Palude	Gors
Penisola	Penrhyn
Spiaggia	Traeth
Tundra	Tundra
Valle	Dyffryn
Vulcano	Llosgfynydd

Paesi #2
Gwledydd # 2

Albania	Albania
Danimarca	Denmarc
Etiopia	Ethiopia
Giamaica	Jamaica
Giappone	Japan
Grecia	Gwlad Groeg
Haiti	Haiti
Indonesia	Indonesia
Irlanda	Iwerddon
Laos	Laos
Liberia	Liberia
Messico	Mecsico
Nepal	Nepal
Nigeria	Nigeria
Pakistan	Pakistan
Russia	Rwsia
Siria	Syria
Sudan	Sudan
Ucraina	Wcráin
Uganda	Uganda

Pesca
Pysgota

Acqua	Dŵr
Attrezzatura	Offer
Barca	Cwch
Branchie	Tagellau
Cesto	Basged
Cucinare	Coginio
Esagerazione	Esboniad
Esca	Abwyd
Filo	Gwifren
Fiume	Afon
Gancio	Bachyn
Lago	Llyn
Mascella	Ên
Oceano	Cefnfor
Pazienza	Amynedd
Peso	Pwysau
Pinne	Esgyll
Spiaggia	Traeth
Stagione	Tymor

Piante
Planhigion

Albero	Coed
Bacca	Aeron
Bambù	Bambŵ
Botanica	Llysieueg
Cactus	Cactus
Cespuglio	Llwyn
Crescere	Tyfu
Edera	Eiddew
Erba	Glaswellt
Fagiolo	Ffa
Fertilizzante	Gwrtaith
Fiore	Blodyn
Flora	Flora
Fogliame	Dail
Foresta	Coedwig
Giardino	Gardd
Muschio	Mwsogl
Petalo	Petal
Radice	Gwraidd
Vegetazione	Llystyfiant

Pirati
Môr-Ladron

Ancora	Angor
Avventura	Antur
Bandiera	Baner
Bussola	Cwmpawd
Capitano	Capten
Cattivo	Drwg
Cicatrice	Craith
Equipaggio	Criw
Grotta	Ogof
Isola	Ynys
Leggenda	Chwedl
Mappa	Map
Monete	Darnau Arian
Oro	Aur
Pappagallo	Parot
Pericolo	Perygl
Rum	Rum
Spada	Cleddyf
Spiaggia	Traeth
Tesoro	Trysor

Professioni #1
Proffesiynau # 1

Allenatore	Hyfforddwr
Ambasciatore	Llysgennad
Artista	Artist
Astronomo	Seryddwr
Avvocato	Cyfreithiwr
Ballerino	Dawnsiwr
Banchiere	Banciwr
Cacciatore	Helwyr
Cartografo	Cartographer
Editore	Golygydd
Farmacista	Fferyllydd
Geologo	Daearegwr
Gioielliere	Gemydd
Idraulico	Plymwr
Infermiera	Nyrs
Musicista	Cerddor
Pianista	Pianydd
Psicologo	Seicolegydd
Scienziato	Gwyddonydd
Veterinario	Milfeddyg

Professioni #2
Proffesiynau # 2

Agricoltore	Ffermwr
Astronauta	Gofodwr
Bibliotecario	Llyfrgellydd
Biologo	Biolegydd
Chirurgo	Llawfeddyg
Dentista	Deintydd
Detective	Ditectif
Filosofo	Athronydd
Fotografo	Ffotograffydd
Giardiniere	Garddwr
Giornalista	Newyddiadurwr
Illustratore	Darlunydd
Ingegnere	Peiriannydd
Insegnante	Athro
Inventore	Dyfeisiwr
Linguista	Ieithydd
Medico	Meddyg
Pilota	Peilot
Pittore	Peintiwr
Ricercatore	Ymchwilydd

Riempire
I Llenwch

Bacino	Basn
Barile	Gasgen
Borsa	Bag
Bottiglia	Potel
Busta	Amlen
Cartella	Ffolder
Cartone	Carton
Cassa	Cawell
Cassetto	Drôr
Cesto	Basged
Pacchetto	Pecyn
Scatola	Blwch
Secchio	Bwced
Tasca	Poced
Tubo	Tiwb
Valigia	Cês
Vasca	Twb
Vaso	Vase
Vassoio	Hambwrdd

Ristorante #1
Bwyty # 1

Allergia	Alergedd
Caffè	Coffi
Cameriera	Gweinyddes
Carne	Cig
Cassiere	Arian
Cibo	Bwyd
Ciotola	Bowl
Coltello	Cyllell
Cucina	Cegin
Dessert	Pwdin
Ingredienti	Cynhwysion
Menù	Dewislen
Pane	Bara
Piatto	Plât
Piccante	Sbeislyd
Pollo	Cyw lâr
Prenotazione	Llain
Salsa	Saws
Tovagliolo	Napcyn

Ristorante #2
Bwyty # 2

Acqua	Dŵr
Bevanda	Diod
Cameriere	Aros
Cena	Cinio
Cucchiaio	Llwy
Delizioso	Blasus
Forchetta	Fforc
Frutta	Ffrwyth
Ghiaccio	Iâ
Insalata	Salad
Minestra	Cawl
Pesce	Pysgod
Sale	Halen
Sedia	Cadeirydd
Spezie	Sbeisys
Torta	Cacen
Uova	Wyau
Verdure	Llysiau

Scacchi
Gwyddbwyll

Avversario	Gwrthwynebydd
Bianco	Gwyn
Campione	Pencampwr
Concorso	Gystadleuaeth
Diagonale	Lletraws
Giocatore	Chwaraewr
Gioco	Gêm
Nero	Du
Passivo	Goddefol
Per Imparare	I Ddysgu
Punti	Pwyntiau
Re	Brenin
Regina	Brenhines
Regole	Rheolau
Sacrificio	Aberth
Sfide	Heriau
Strategia	Strategaeth
Tempo	Amser
Torneo	Twrnamaint

Scienza
Gwyddoniaeth

Atomo	Atom
Chimico	Cemegol
Clima	Hinsawdd
Dati	Data
Esperimento	Arbrawf
Evoluzione	Esblygiad
Fatto	Ffaith
Fisica	Ffiseg
Fossile	Ffosil
Gravità	Disgyrchiant
Ipotesi	Ddamcaniaeth
Laboratorio	Labordy
Metodo	Dull
Minerali	Mwynau
Molecole	Moleciwlau
Natura	Natur
Organismo	Organeb
Particelle	Gronynnau
Piante	Planhigion
Scienziato	Gwyddonydd

Scuola #1
Ysgol # 1

Alfabeto	Wyddor
Amici	Ffrindiau
Biblioteca	Llyfrgell
Carta	Papur
Cartelle	Ffolderi
Divertimento	Hwyl
Esami	Arholiadau
Insegnante	Athro
Libri	Llyfrau
Matematica	Math
Matita	Pensil
Numeri	Rhifau
Penne	Corlannau
Per Imparare	I Ddysgu
Pranzo	Cinio
Quiz	Cwis
Risposte	Atebion
Scrivania	Desg
Sedia	Cadeirydd

Scuola #2
Ysgol # 2

Accademico	Academaidd
Autobus	Bws
Biblioteca	Llyfrgell
Calendario	Calendr
Carta	Papur
Computer	Cyfrifiadur
Dizionario	Geiriadur
Educazione	Addysg
Forbici	Siswrn
Giochi	Gemau
Grammatica	Gramadeg
Insegnante	Athro
Letteratura	Llenyddiaeth
Lettura	Darllen
Libri	Llyfrau
Matematica	Math
Matita	Pensil
Scarpe	Esgidiau
Scienza	Gwyddoniaeth
Zaino	Backpack

Spezie
Sbeisys

Aglio	Garlleg
Amaro	Chwerw
Anice	Anise
Cannella	Sinamon
Cardamomo	Cardamom
Cipolla	Union
Coriandolo	Coriander
Cumino	Cwmin
Curcuma	Tyrmerig
Curry	Cyri
Dolce	Melys
Finocchio	Ffenigl
Liquirizia	Licorice
Noce Moscata	Nytmeg
Paprika	Paprika
Pepe	Pupur
Sale	Halen
Vaniglia	Fanila
Zafferano	Saffrwm
Zenzero	Sinsir

Spiaggia
Traeth

Asciugamano	Tywel
Barca	Cwch
Barca a Vela	Cwch Hwylio
Blu	Glas
Costa	Arfordir
Dock	Doc
Granchio	Cranc
Isola	Ynys
Mare	Môr
Nuotare	I Nofio
Oceano	Cefnfor
Ombrello	Ymbarél
Sabbia	Tywod
Sandali	Sandalau
Sole	Haul
Vacanza	Gŵyl

Sport
Chwaraeon

Allenatore	Hyfforddwr
Arbitro	Canolwr
Atleta	Mabolgampwr
Baseball	Pêl Fas
Basket	Pêl-Fasged
Bicicletta	Beic
Ginnastica	Gymnasteg
Giocatore	Chwaraewr
Gioco	Gêm
Golf	Golff
Hockey	Hoci
Movimento	Symudiad
Nuotare	I Nofio
Palestra	Campfa
Squadra	Tîm
Stadio	Stadiwm
Tennis	Tenis
Vincitore	Enillydd

Strumenti Musicali
Offerynnau Cerddorol

Arpa	Telyn
Banjo	Banjo
Carillon	Clychau
Chitarra	Gitâr
Clarinetto	Clarinét
Fagotto	Baswn
Flauto	Ffliwt
Gong	Gong
Mandolino	Mandolin
Marimba	Marimba
Oboe	Obo
Pianoforte	Piano
Sassofono	Sacsoffon
Tamburello	Tambwrîn
Tamburo	Drwm
Tromba	Utgorn
Trombone	Trombôn
Violino	Ffidil

Surf
Syrffio

Atleta	Mabolgampwr
Campione	Pencampwr
Divertimento	Hwyl
Estremo	Eithafol
Folla	Torfeydd
Forza	Cryfder
Meteo	Tywydd
Nuotare	I Nofio
Oceano	Cefnfor
Onda	Don
Popolare	Poblogaidd
Principiante	Dechreuwr
Schiuma	Ewyn
Spiaggia	Traeth
Spray	Chwistrellu
Stile	Arddull
Stomaco	Bola
Velocità	Cyflymder

Tecnologia
Technoleg

Blog	Blog
Browser	Porwr
Byte	Bytes
Computer	Cyfrifiadur
Cursore	Cyrchwr
Dati	Data
Digitale	Digidol
File	Ffeil
Font	Ffont
Internet	Rhyngrwyd
Messaggio	Neges
Ricerca	Ymchwil
Schermo	Sgrin
Sicurezza	Diogelwch
Software	Meddalwedd
Statistiche	Ystadegau
Telecamera	Camera
Virtuale	Rhithwir

Tempo
Amser

Anno	Blwyddyn
Annuale	Blynyddol
Calendario	Calendr
Decennio	Degawd
Dopo	Ar Ôl
Futuro	Dyfodol
Giorno	Dydd
Ieri	Ddoe
Mattina	Bore
Mese	Mis
Mezzogiorno	Hanner Dydd
Minuto	Munud
Notte	Nos
Oggi	Heddiw
Ora	Awr
Orologio	Cloc
Presto	Yn Fuan
Prima	Cyn
Secolo	Canrif
Settimana	Wythnos

Tipi di Capelli
Mathau o Wallt

Argento	Arian
Asciutto	Sych
Bianco	Gwyn
Biondo	Blond
Breve	Byr
Calvo	Moel
Colorato	Lliw
Grigio	Llwyd
Intrecciato	Plethedig
Liscio	Llyfn
Lungo	Hir
Marrone	Brown
Morbido	Meddal
Nero	Du
Riccio	Cyrliog
Riccioli	Curls
Sano	Iach
Sottile	Tenau
Spessore	Trwchus
Trecce	Blethi

Uccelli
Adar

Airone	Crëyr
Anatra	Hwyaden
Aquila	Eryr
Cicogna	Ciconia
Cigno	Alarch
Colomba	Colomen
Cuculo	Gog
Fenicottero	Fflamingo
Gabbiano	Gwylan
Oca	Gŵydd
Pappagallo	Parot
Passero	Aderyn
Pavone	Paun
Pellicano	Pelican
Piccione	Colomennod
Pinguino	Pengwin
Pollo	Cyw lâr
Struzzo	Estrys
Tucano	Twcan
Uovo	Wy

Vacanza #1
Yn Ystod y Gwyliau #1

Aereo	Awyren
Auto	Car
Biglietto	Tocyn
Dogana	Tollau
Itinerario	Amserlen
Lago	Llyn
Museo	Amgueddfa
Nuotare	I Nofio
Ombrello	Ymbarél
Partenza	Ymadawiad
Rilassamento	Ymlacio
Spedizione	Daith
Tram	Tram
Turismo	Twristiaid
Valigia	Cês
Valuta	Arian
Zaino	Backpack

Vacanze #2
Yn Ystod y Gwyliau #2

Aeroporto	Maes Awyr
Campeggio	Gwersylla
Destinazione	Cyrchfan
Foto	Lluniau
Hotel	Gwesty
Isola	Ynys
Mappa	Map
Mare	Môr
Passaporto	Pasbort
Ristorante	Bwyty
Spiaggia	Traeth
Straniero	Estron
Taxi	Tacsi
Tempo Libero	Hamdden
Tenda	Pabell
Trasporto	Cludiant
Treno	Trên
Vacanza	Gwyliau
Viaggio	Taith
Visto	Fisa

Veicoli
Cerbydau

Aereo	Awyren
Ambulanza	Ambiwlans
Auto	Car
Autobus	Bws
Barca	Cwch
Bicicletta	Beic
Camion	Lori
Caravan	Carafan
Elicottero	Hofrennydd
Metropolitana	Isffordd
Motore	Modur
Pneumatici	Tirion
Razzo	Roced
Scooter	Sgwter
Sottomarino	Llong Danfor
Taxi	Tacsi
Traghetto	Fferi
Trattore	Tractor
Treno	Trên
Zattera	Llu

Verdure
Llysiau

Aglio	Garlleg
Broccolo	Brocoli
Carciofo	Artisiog
Carota	Moron
Cetriolo	Ciwcymbr
Cipolla	Union
Fungo	Madarch
Insalata	Salad
Melanzana	Eggplant
Oliva	Olewydd
Patata	Tatws
Pisello	Pys
Pomodoro	Tomato
Prezzemolo	Persli
Rapa	Maip
Ravanello	Radish
Sedano	Seleri
Spinaci	Sbigoglys
Zenzero	Sinsir
Zucca	Pwmpen

Vestiti
Dillad

Abito	Gwisg
Braccialetto	Breichled
Camicetta	Blows
Camicia	Crys
Cappello	Het
Cappotto	Côt
Cintura	Gwregys
Collana	Adnabod
Giacca	Siaced
Gonna	Sgert
Grembiule	Ffedog
Guanti	Menig
Jeans	Jîns
Maglione	Chwyswr
Moda	Ffasiwn
Pantaloni	Pants
Pigiama	Pyjamas
Sandali	Sandalau
Scarpa	Esgid
Sciarpa	Sgarff

Virtù #1
Rhinweddau # 1

Affascinante	Swynol
Affidabile	Dibynadwy
Appassionato	Angerddol
Artistico	Artistig
Buono	Da
Curioso	Chwilfrydig
Decisivo	Pendant
Efficiente	Effeithlon
Generoso	Hael
Indipendente	Annibynnol
Intelligente	Deallus
Modesto	Cymedrol
Paziente	Claf
Pratico	Ymarferol
Pulito	Lân
Saggio	Doeth
Utile	Ddefnyddiol

Congratulazioni

Ce l'hai fatta!

Speriamo che questo libro vi sia piaciuto tanto quanto a noi è
piaciuto concepirlo. Ci sforziamo di creare libri della più alta
qualità possibile.
Questa edizione è progettata per fornire un apprendimento
intelligente, di qualità e divertente!

Le è piaciuto questo libro?

Una Semplice Richiesta

Questi libri esistono grazie alle recensioni che pubblicate.

Puoi aiutarci lasciando una recensione
ora a questo link ?

BestBooksActivity.com/Recensioni50

SFIDA FINALE!

Sfida n°1

Sei pronto per il tuo gioco gratuito? Li usiamo sempre, ma non sono così facili da trovare - ecco i **Sinonimi!**
Scrivi 5 parole che hai trovato nei puzzle (n° 21, n° 36, n° 76) e prova a trovare 2 sinonimi per ogni parola.

Scrivi 5 parole del **Puzzle 21**

Parole	Sinonimo 1	Sinonimo 2

Scrivi 5 parole del **Puzzle 36**

Parole	Sinonimo 1	Sinonimo 2

Scrivi 5 parole del **Puzzle 76**

Parole	Sinonimo 1	Sinonimo 2

Sfida n°2

Ora che ti sei riscaldato, scrivi 5 parole che hai trovato nei puzzle n° 9, n° 17 e n° 25 e cerca di trovare 2 contrari per ogni parola. Quanti ne puoi trovare in 20 minuti?

Scrivi 5 parole del **Puzzle 9**

Parole	Antonimo 1	Antonimo 2

Scrivi 5 parole del **Puzzle 17**

Parole	Antonimo 1	Antonimo 2

Scrivi 5 parole del **Puzzle 25**

Parole	Antonimo 1	Antonimo 2

Sfida n°3

Grande! Questa sfida non è niente per te!

Pronto per la sfida finale? Scegli 10 parole che hai scoperto nei diversi puzzle e scrivile qui sotto.

1.	6.
2.	7.
3.	8.
4.	9.
5.	10.

Ora scrivi un testo pensando a una persona, un animale o un luogo che ti piace.

Puoi usare l'ultima pagina di questo libro come bozza.

La tua composizione:

TACCUINO:

A PRESTO!

Tutta la Squadra

SCOPRIRE GIOCHI GRATIS

GO

↓

BESTACTIVITYBOOKS.COM/FREEGAMES